蜀道既是说蜀,

也是蜀说。

一个当代"徐霞客"的诗歌踪迹史。

SHUDAO

黎阳 著

成都时代出版社
CHENGDU TIMES PRESS

图书在版编目（CIP）数据

蜀道 / 黎阳著. —— 成都：成都时代出版社，2025.5.
——ISBN 978-7-5464-3689-0
I．I227

中国国家版本馆 CIP 数据核字第 2025F9P667 号

蜀道
SHU DAO

黎阳 / 著

出 品 人	钟 江
责任编辑	李卫平
责任校对	张 巧
责任印制	江 黎　陈淑雨
插　　画	素 锦
装帧设计	成都九天众和

出版发行　成都时代出版社
电　　话　（028）86742352（编辑部）
　　　　　（028）86763285（图书发行）
印　　刷　成都日报锦观印务科技有限公司
规　　格　160mm×255mm
印　　张　20.25
字　　数　200千
版　　次　2025年5月第1版
印　　次　2025年5月第1次印刷
书　　号　ISBN 978-7-5464-3689-0
定　　价　66.00元

著作权所有·违者必究
本书若出现印装质量问题，请与工厂联系。电话：（028）85919288

关于黎阳的心理地理诗学
——诗集《蜀道》代序

西 雅

年过半百,终日为稻粱谋,写了成堆成堆的文字,都只为糊口养家。基本不落的那些文字,变成了耳边的风、头顶的云,聚了再散,很少落下来,偶尔掉落下来,也是尘埃与雨点,入土即逝。

地理如今被称为"文旅",带着浓郁的金钱气息,仿佛有双眼睛正盯着自己不太丰厚的存款,其实都是些游戏、数字而已,经常搞得人眼花缭乱,反正特别没有底气。

走不出去的理想,终归如同幻觉。

黎阳其实是一个非常非常懒的人,如果不工作,他可以一天不从南方的床(意念上是北方的炕)上起身。这样的人写诗,竟然用了一个悖论般的书名"蜀道",其实他不为标榜自己走天下路,蜀道也是他的"身毒道",是经由人生历程,弯弯曲曲走出来的一个人的命运。

四川境内有众多河流,吻合了黎阳命里的大溪水。四川的大地与人文,不仅丰富了黎阳命里的大溪水,还带来了我这棵从东南沿海漂来的荔枝木,同时带来了木下乘舟的长流水娃。

蜀道,见证了新时代的巨变,也见证了我们的婚姻与家庭的生生不息。

从蜀道走过的人影与轮印,是春来秋去的四季更替,是迎来送往的人情故事,是南来北往的信息传递,是风雨兼程的悲欣交集。

有时,走路,只是一种无奈。路走不走得通,走在路上的人,常常不得而知。但是一路走下去,总有一点意愿,希望路是通的,能够抵达期待中的远方。当然,也时常事与愿违,只是走着,也就尽了心意。

走路,又往往是苦比乐多,人在道途,无法不应对各种风险挑战,无法不瞻前顾后,方向很重要,但更重要的是甘心情愿,或者说是过程比目的地更重要。

现代人,把车轮走过的路,也算作自己走过的,川A、川B、川C……窗外看得到的高速风景,也算到过的目的地。

有人带着家庭上路,有人上路时喜欢孤身一人;在路上的人,有总念着早已故去的人的,有走路时却总不记得留在身后默默承担了一切的人的……

风好携带，记忆好携带，唯有责任难以存放于行囊之中。

无论走到四川的哪个地点，从马道到成都，从自贡到阆中，从博什瓦黑到罗目古镇，从邛崃文脉坊到文君井，在一个角落里，家人如同一豆暗夜里的微光，包容着夜色无限、人间冷暖。

在黎阳诗歌的系列地名中，"从钒钛的含量中获取人世间"（《水墨二滩》）；"让南丝绸之路开出火一样的青春"（《阳光盐边》）；"还有通天的路指向远方"（《驷马桥》）；"在岳池的山水之间/命就是一颗颗发光的硕果"（《岳池落英》）……地理中蕴含的诗学是其诗歌的意境，孕育了巴山蜀水的灵秀风情。

"这麦粒中的液体，是成熟的泪"（《在麦田里阅读》）；"活成自己的雕塑，活成一个时代的/剪影"（《驷马桥》）；"所有的风声系在二尺红头身上/白了半生的光阴"（《豆腐宴是最后的乡音》）……阅读黎阳诗歌里的这些语句，宛若与一位阅遍山水的沧桑旅人把酒啜茶，言谈之间，地理距离化作心理对话。

有人通过地理完成身份转换，有人通过地理厚植内心独白，有人通过地理做到逆天改命，有人通过地理聆听生命的延续，黎阳通过他的诗歌，书写走过的路径，留存命运的痕迹，铭记过往的知交，用心理描绘历史的场域，用历史构建地名的兴废，用诗学阐释现实的地理。

在路上，风景常常只是心境，心若无杂物，风景便处处皆好。

那些被看见的，那些不被看见的，那些阳光满布的，那些犹有暗影的……都值得被记录。

2025 年 2 月 27 日于成都

西雅，原名方荔，福建莆田人。四川省作家协会会员、中国散文学会会员。著有散文集《残缺的时光》、随笔图文集《一岁之涵》、诗集《一意孤行》。

目录

川A/G 成都语汇

002/ 夜行成昆线

003/ 入华岁，锦城西回眸关山万里

004/ 汉字敲打八月的大地和街道

006/ 浮云抵达西岭雪山腊月日落的现场

007/ 驷马桥

008/ 东郊记忆

009/ 羊子山古祭祀台

010/ 望平坊

011/ 二仙桥

012/ 兴隆湖上看兴隆

013/ 在蜀锦丝线里，窥见光阴

014/ 在麓湖的游艇上，听水

015/ 在月花村，遇雨

016/ 雨中岳家祠

017/ 宝墩古城

018/ 音书断，岭外乡情近更怯

020/ 雪中的乡音

022/ 星火如雪

024/ 浑身积雪的人

025/ 在雪里，不要抱错了人

026/ 春天从油菜花的花瓣上飞过

027/ 多雨的思绪总是要一点阳光

028/ 有火的日子，就该有一壶老酒

030/ 半杯红茶，与剩下的半盒香烟

031/ 在寒冷的风里思念阳光

033/ 静悟，三月的驰骋

034/ 迷惑，夜晚的一声叹息

035/ 思念，一杯浓郁的咖啡

036/ 句子的缝隙

038/ 流云逝水，停留在额头上

039/ 草堂灯影

040/ 一次回眸，半生的彳亍

042/ 桃花掩盖龙泉驿一个护花的人

043/ 今夜，我在龙泉驿看星星

044/ 在大冰的小屋

045/ 有用的人

046/ 夜声

川 T　雅安笔记

050/　心在草木九宫间（组诗）
050/　戴九履一　龙井甘露铭刻在蒙顶山麓
051/　左三右七　这一行行吟为后人所得
052/　二四为肩　名山之路有茗留香
053/　八六为足　隔夜之间味蕾品甘
054/　五居中央　种茶人吴理真
055/　余波疾驰在眉间心上
057/　敬礼
058/　在索道上，两岁的孩子交给战士
060/　石棉，我在大渡河边聆听涛声依旧

川 E　泸州夜吟

064/　鲁酒薄而邯郸围
065/　箪醪劳师
066/　鸿门宴
067/　汉高祖醉斩白蛇
068/　文君当垆
069/　煮酒论英雄
070/　温酒斩华雄
071/　生死皆缘酒
072/　洗盏更酌一杯无

073/ 瓦碗盛米琥珀光
074/ 借我此地倒金瓮
075/ 锦封未拆香先透
076/ 四渡赤水踪迹史（组诗）
076/ 太平镇渡口的脚印
078/ 大羊山的狗尾草
080/ 鸡鸣三省，在叙永烈士陵园

川Q　宜宾帖

084/ 在竹秋，凝视龙抬头的缟素
086/ 杯中春秋
088/ 盘子
089/ 音乐中，与伤怀的词语遭遇

川L　乐山帖

092/ 入临钟，远望峨眉成侧影
093/ 罗目参禅
094/ 在马边中学，与青春的一次对撞
095/ 在罗城船中楼

川 C　自贡光影

098/　仲夏把自流井的盐水滴在脸上
099/　天元

川 D　攀枝花

102/　水墨二滩
103/　阳光盐边
104/　小城
105/　犀牛望月
106/　天生桥
107/　夫妻树

川 F　德阳行迹

110/　一杯浊酒喜相逢
111/　九月在三星堆里寻找可能的影子
112/　高温的德阳,潮湿中江
114/　风雨白马关

川 B　绵阳手迹

- 118/ 岁杪绵阳，我把涪江的水温暖
- 119/ 从越王楼的暗影中走出肝胆相照的星辰
- 121/ 大雾，长途客车熄火在去绵阳的路上
- 122/ 在游仙，回到乡愁的方舟（组诗）
- 122/ 在游仙，回到乡愁的方舟
- 123/ 在十二万朵月季中间
- 124/ 在绵阳富乐山上
- 125/ 在一片碎瓦上的李杜祠时光
- 126/ 麦浪的风骨（组诗）
- 126/ 怀念麦芒
- 127/ 从一株麦穗开始守望
- 128/ 重归麦田
- 129/ 在麦田里阅读
- 130/ 在麦田里饮一杯鸡尾酒
- 131/ 在麦坯成山的酒曲车间

川 H　广元墨痕

- 134/ 箫声咽，古道情音尘绝
- 135/ 且向花间留晚照
- 136/ 背对往事

- 137/ 春雨断桥人不渡
- 138/ 春色满园关不住
- 139/ 三生石旁，鸿雁在云鱼在水
- 141/ 从尺八缝隙里听唐朝的吟诵声
- 142/ 笙歌散尽游人去
- 143/ 烂漫樱花十里烟
- 144/ 似花还似非花语
- 145/ 本是青灯不归客

川 J　遂宁碎片

- 148/ 遂宁手记（组诗）
- 148/ 我从幽州来，拜谒子昂
- 150/ 在宋瓷博物馆
- 151/ 观音绣
- 152/ 涪江号子
- 153/ "坐歌堂"千年的婚嫁歌
- 154/ 蓬莱大乐
- 155/ 倾斜的印鉴上铭刻一生的眷恋
- 156/ 靠近黎明点燃的一扇窗子
- 157/ 阳光啊阳光，把我照耀
- 158/ 如果只是偶然，我把你写进一首诗歌里
- 159/ 把你写进我的生命里已是必然

川 K　内江之夜

162/　月亮，今晚落在内江上
163/　五指山
164/　在五指山庄夜观天象
165/　文庙
166/　武庙
167/　磐石古城
168/　在重龙山永庆寺山门观日落

川 R　南充手记

172/　奔赴嘉陵江的高铁
173/　落雨的嘉陵江，瘦就是温暖
174/　从南充到南部，隔着不止一个升钟湖
175/　南充，落笔的词
176/　阆中散记
178/　长途客车夜闯南充
179/　安汉路上寻纪信
180/　在紫岩场，闻先赈后奏的马廷用
181/　八百壮士
182/　青石板路上的足迹

183/ 阆中手记
187/ 凤仪湾的阳光

川Z 眉山之莲

190/ 历清和,眉山枝头摇曳着击壤歌
191/ 在江畔古寺静穆的风声中听经
193/ 在眉山,品东坡肉

川X 广安笔录

196/ 经南吕,广土安辑的温暖
197/ 云虚掩着朝阳的恩泽
198/ 在岳池与纯阳道祖的偶遇
199/ 红树晴云日再秋望
200/ 岳池落英
201/ 在岳池,源头无尽炊烟生
202/ 再到东邻西舍
203/ 在稻田酒店的夜晚
204/ 题岳池山水
205/ 在经开区,川渝药的家
206/ 天香吟
207/ 安丙公园行吟
208/ 好人安丙

209/ 岿然殿外的沉吟
210/ 岁末在邻州大道仰望
211/ 在广安,夕阳下的行吟
212/ 在岳池,与笑靥如花的徐君小酌
213/ 在岳池农家乐看桃花
214/ 在顾县老街看到岁月的碎瓦
　　——赠龚学敏
216/ 豆腐宴是最后的乡音

川 S　达州山水

220/ 小孟秋婉转情深再忆达州
221/ 再见如故,确是毕生的朋友
223/ 光阴在渠江深处闪回

川 Y　巴中碑林

226/ 岁末在巴中,从回风桥头望去
228/ 雨,在东风的翅膀上远眺
229/ 灯光控制了车内的思想
230/ 碑文里有十三万英雄的名字
231/ 这里的石头会说话
232/ 春暖花开,三角梅还是那么鲜艳
　　——写给人民检察官张晓梅

川 M　资阳云雾

236/　我总是在一颗烟里发现光明
237/　阳光落在卧室的窗台上
238/　茗香
239/　那看不见的部分

川 U　阿坝天街

242/　霜序马尔康，又见叶未黄
243/　达维会师桥
245/　梭磨河的浪花
247/　冉陇之地
248/　在黑水，最近的遥远
249/　在达古冰川的风云里
251/　羊皮鼓
252/　羌族刺绣
253/　云云鞋
254/　汶川手记

川 V　甘孜韵律

260/　应钟打箭炉，一溜溜山上的情歌

261/ 一条汹涌的河连着前世今生

262/ 一只雪豹从都市里捎来春天的温暖

263/ 守护者其美多吉

264/ 其美多吉豹的目光

265/ 月亮弯弯照在康定溜溜的城

266/ 再说康定

267/ 川藏南线金秋与雅砻江同行

269/ 翻越九龙到康定海拔 4340 米的鸡丑山

270/ 背倚九龙伍须海

271/ 与伍须海边的枯树

272/ 仰视，脖子有些酸

273/ 种子不发芽一样得到欣赏

川 W　凉山月色

276/ 黄钟邛海，我把泸山的月捧着

277/ 安宁河畔，月亮守望着大地的呢喃

279/ 金沙江边，顽石与闪烁的沙

281/ 即使春天刚到，叶子还是围绕在他的膝下
　　——致发星兄

283/ 面对一棵年长的树
　　——致孙贻荪先生

285/ 阳光照在安宁河上

288/ 进入夜晚的经卷

289/ 阴霾，人声鼎沸的清晨

290/ 路过中秋，我不知道丢了什么

291/ 夜晚，坐在回忆的镜子前

293/ 我总是在风雨飘摇的夜晚冥想

295/ 插入音乐，埋首沉思到句子深处

296/ 漫天乌云的瞬间需要几声惊雷

297/ 情归马道

298/ 春日在邛海边，与汪峰对饮

299/ 后记　我想做合格的聆听者

川A／G

成都语汇

夜行成昆线

喜欢在夜晚赶路
这样的时候我会心怀月亮
伴随着漫天的星光
可以阅读很多往事

夜行的时候我不会写字
面对着窗外的黑暗
我会举起一盏心灯
聆听父辈们轰鸣的战鼓

这是最初的幸福
却也是汗水和泪水凝结的典故
在夜晚,很亲切地依偎在卧铺上
脉搏跟着行军的脚步

成昆线上几辈人的劳苦
在一夜之间走了一遍
所有的鼾声和梦呓
让我彻夜思索我的路
有没有这样艰苦,有没有
这样隆重地上路

入华岁,锦城西回眸关山万里

西岭的肩上,白雪凝固千年的风寒
行路的人,把眺望杜甫的窗口
搜索成归去来,散乱的篇章

掀开门帘,岁月的词组
梅花香熏,点缀北斗星阵
和关山万里,银装素裹的夜行人

口中喷吐出的热气
形成往事的屏障
薄如轻纱的屏障
松塔是白的,白桦也是白的

以至于鬓角的白,算不上白
只是岁月的灰
总有一个人,在灰里被人惦记
或者被惦记也只是灰的一部分

那个被雪裹紧的身影
消失在一场暴风里,枪尖挑着酒葫芦
或者是暴风消失在眼眸里
落下一块兴安岭眉上的冰晶

汉字敲打八月的大地和街道

鸿雁的背影，嵌入思念的钉子
和羽毛收藏的斑驳之光
从龙抄手列队的往事中脱颖而出
明亮的月光凝视着宽窄巷子的锦官城
从中寻找牧羊人雨后的足迹
和西岭雪山没有动摇过的，伫立

芙蓉花开放在行吟者指尖的温度
从青花茶盏的光洁中流逝
只有陷入冥想的峨眉山竹叶青
沉浮之中定论自己黑白的归宿

渡这场中年的及时雨，西风
驱散八月的大地上悠闲的垂柳
街道燥热，这是夜归人
仓促的步履，也是好事者的回头箭
飞翔过程中的瞻望，敏华兄
唯有此生背对光阴，才能看到
每一枚汉字的灵魂

每一枚汉字都是一叶小舟
也承载着别人的光阴
让八月的饼和月,团圆
自己所有生养的汉字

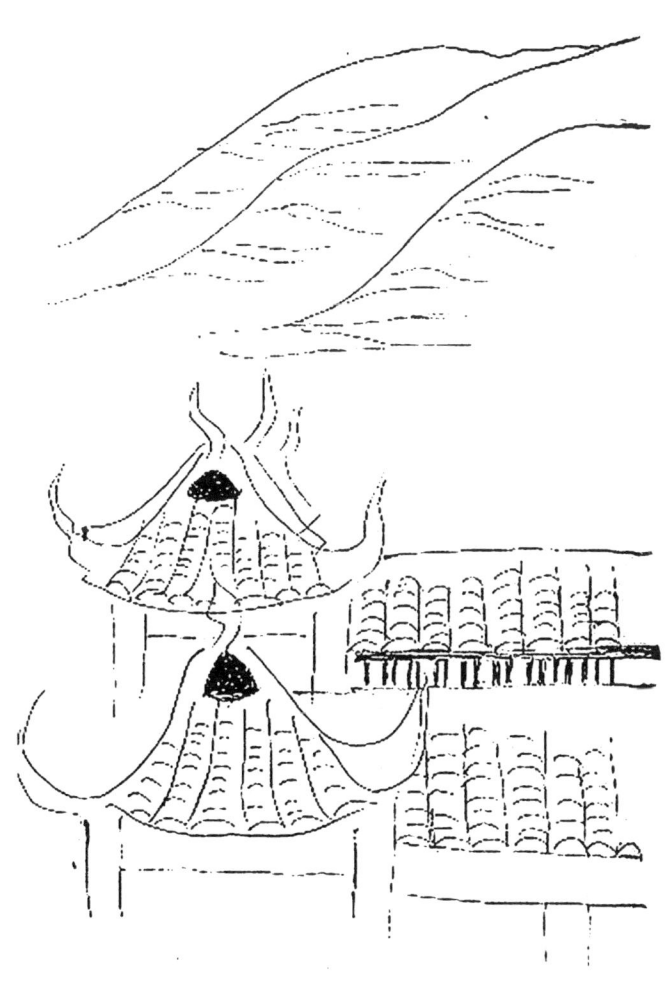

浮云抵达西岭雪山腊月日落的现场

西岭近视、散光、老花眼里的雪花
融化在光阴的指尖，中年的阳光已经
落在西山星疏的头顶
喧嚣的话题戛然而止
云也落下来，落在黄昏的肩上

射日的箭，没有退路
也没有正中离乡者仰望的靶心
星星的温度缓慢地陆续登场
心怀的大野星光开放
隐含在舌尖的话题
展现在好事者千姿百态的云端

那些熟悉的人，终将走完这
最后的光阴，没谁可以
留在这人世的大幕之前
观赏着"剧终"两个字

我把最后的疑虑落在纸上
等所有的因果落地
等我从灵感的缝隙里窥见
浮云散去的最后一点踪迹

驷马桥

北上的身影,还有马蹄声
隐约在时空,只有如今的路灯
还能照亮司马相如的汉赋

我们的脚步是自己的回音
从鬃毛扬起的风势中获得
指南针精确的维度

活成自己的雕塑,活成一个时代的
剪影,也只有驷马桥
敞开的胸怀,包容流水的漩涡
落花的呢喃,还有通天的路指向远方

东郊记忆

在砖瓦的缝隙里,寻觅
光阴的碎片,以及灯火中的怀旧
也只有这些皱纹里的汗水
才能滋养出一代人的光芒

每次来东郊,我都会仰望
烟囱下的青砖和管道
那些通向岁月的词汇,包裹着
立竿见影的扳手和螺丝

有温度的人,只是走走
就会看到温暖的流水线
还有库房敞开的大门
陆续有人走出来

羊子山古祭祀台

放羊的人,不会数羊
鞭子一甩,就会有惊天的炸响
羊子山下的车辙,不会有痕迹
祭拜的身影,留在车辙里

卤漆和玉器有光阴的旧
只有泥土的表白,层次分明

登高远望,或许有山挡不住的风景
只有下山的人,才能看明白
故事的梗,还有追求的疲
季节的风湿痛

望平坊

府河水洗漱夜的浓妆
望平街上的身影，被光吸纳
也会被喧嚣吐出

笨酒店的荧光灯点燃
河畔的风韵，在音乐的节拍里
开出五颜六色的惬意

火锅里的成都，总是把沸腾
串成一半鲜香，一半麻辣
让开口的人，吃了不吱声
不吃，也会滔滔不绝

二仙桥

桥不在了,名字就成了典故
二仙桥风景是工业的记忆
机车和铁轨也就成了
打卡的胜地

定格光阴只需一个快门
飞升的仙人,留给我们
一段身影和繁荣

如今的二仙桥还是很仙
有诗仙的行吟
酒仙的杯盏
游仙的足迹
还有光阴的痕迹

兴隆湖上看兴隆

新词，总会含着光阴的
单音节，从旧的土壤上
拔地而起的高楼
盛满了新意

声音的成长，总是扎根
在泥土里，接受农耕以后的
发芽、抽蘖、分叉

时代的灌浆，春风吹送的
单簧管，带动新区的锣鼓
迎接秋实的斑斓

这时的交响乐
也是华阳的新曲

在兴隆湖上
指点灯火的画卷
和辉煌的走廊

在蜀锦丝线里,窥见光阴

光阴是千丝万缕的烙印
《华阳国志》,每个词
和图腾,泾渭分明的记载
手心的火焰
和色彩斑斓的老茧

那些陈列在静态的橱窗里
不曾言说的衣摆和袖口
默默陈述天府的繁华
光阴的品质被定格

繁华是一道光,在锦绣的新区
万涓成水,托起方舟
在一片波涛声里,扬帆万里
远涉汪洋

在麓湖的游艇上,听水

冬日的阳光,从水线上掠过
波澜映照云杉和楼影
寒暄的声浪在风里散落

这是岁月的叶子
也是水珠串联起来的生活
花香唤回田园的记忆

走向华阳的冬至
也在走向时间的另外一面
和自己对峙

爱诗的人
对峙拔地而起的失落
和断肠人的笑容里
坦然的生活

在月花村,遇雨

雨滴是荷花的来信
沿着流水,奔赴花香的暗示

脚步溅起的青春
和悬空桥、钻滚筒、巨人梯上的
身影,勾勒出七彩笔画
在 CS 游戏区的风里摇曳

荷塘,是一个容器
绽放的岁月,从含苞开始
扎染、种子画、考古、拓印
及时雨,何尝不是百姓的慰藉

雨中岳家祠

雨伞,隔开前世的电闪雷鸣
忠魂不散,唯有精忠报国的怒吼声
落在一块块石砖之上

林盘之侧,瓦片外圆内方
这世代守护的阴阳之眼
收敛岁月的葱茏

石碑一方,镇守心扉
只会让路人铭记
这一路的雨水,是谁眸中
长跪不起落下的泪珠

宝墩古城

天府之根，确实有点长
一两块砖瓦不足以见证
光阴的结症

我们雨中来，也在
雨中去，只有这样
才能洗涤，我们心中的困惑

城内的地基和城外的壕沟
分界出家的园囿
只有家的波浪，才能分蘖
枝系的涟漪

最后的宝墩，才有了
渊源的境域
才有了天府的泾渭分明

音书断,岭外乡情近更怯

鸿雁的嘶鸣
从西岭的北侧,渐行渐远
我独坐在东侧
近看东吴的船帆

这个季节的冷雨
只是低低地呢喃了几声
就淹没在高铁
绝尘的速度里

几个亲切的号码,再也没有
接听的痕迹
那些熟悉的呼吸停在记忆里
最后也转化不成几个更加熟悉的
更加亲近的汉字,星光不语
整个川西坝子也不语
或许和西南的天气没有关系

有关系的
会在句子的拐弯处留下一些涟漪
或者几条鲜活的鱼
并且大雪之日
让乡音更亮一些,然而只是然而
大雪没有来临
只是风声不断
吹进金石的缝隙

雪中的乡音

这俗世的雪声不大,不像惊蛰的雷
穿透润物细无声萌芽的岁月
落在纸上很轻,落在耳边很润

她只是静静地在心谷里飘着
有点疏远,让冰沁的气息
透过乡音的婉转,落入行者的心湖
落在断肠人发潮的眼底

很多时候,这片欲望的雪好小
从文字排山倒海的缝隙里
飘出来一点黑土地的谷香
落在眼里很远,如梯田上的草

从字正腔圆的普通话里
捎带点俏皮话和歇后语飘过来
顽皮的雪很会抓心抓肝

纠结雪花的温度
雪内涵盖着一片辽阔的松嫩平原
落在心里很重,厚重的
还有敦厚的大小兴安岭
以及松花江、嫩江、黑龙江
它们只是一片雪

星光如雪

把夜注入一片书简里
闪烁的记忆是独立的星星
星光里徘徊的雪
不曾咽下寂寞的云层
抬头是一盏盏发黄的灯

从书案的一端，铺开往事的卷轴
把端正落于小楷的笔画里
汇聚成一张熟悉的面容
和不再熟悉的雪

啼鸣的鸟和瘦马踢踏的足音
凝聚成一个大篆，行走坐卧
都是断肠人雪中的背影

而雪不会退回这些温度
他们收藏、堆积这些隐私和秘密
让平原的坦荡和盆地的包容
衍化成知更鸟蜿蜒的足迹

雪还在落
这富裕的华发里
青春还在流失
而雪峰越来越高

浑身积雪的人

从一场雪中走出
你会抽出双手
摘下帽子,弹落
凝固在衣领的记忆和人情世故

回头看去,那场雪中
一个严厉的帽子和手套
教你如何走逆行的路
饱尝冰冷和孤独,在人海里
跺一跺麻木的脚

一场雪在前面等你
你会伸出双手接住搓一搓
浑身积雪的人
在一场雪里也是雪
却不是雪的全部

雪的王国,都是雪的颜色
浑身积雪的人也是雪的颜色

在雪里,不要抱错了人

冰的躯体遇见了一柄
无法可避的软刀
定格在雪光里

这个春天
有很多开不起的零度玩笑
不是所有的暖,都来自抱团
纯情的利息
会在冰水的后面结算

越过唐古拉山
蝴蝶的季风
拒绝融化的冰果
在雪色后面吹光了遗憾

我把最后一个词,落在牙关
这是流放者的底线
暖,系在纸鸢上
当落日的颜色铺满雪线
一定是黎明的栅栏
越过夜晚的岸

春天从油菜花的花瓣上飞过

在新津,油菜花的笑容牵引春天的裙裾
从一朵一朵鲜艳的花瓣里飞入
花舞人间的迷宫里,幸福是一只
或左或右的彩蝶

清冷的茶座里,只有那些爱过花的人
才能坐下品味,那些正在爱花的人
一步步流连在花丛里

只有油菜花的黄,在我的记忆里
唤醒了一片原野,那些年仓促的脚步中
所有的芬芳,不断消散
不断汇聚

只有油菜花翠绿的叶子上
还有青春的汗珠
在阳光下滚动

多雨的思绪总是要一点阳光

磨盘一样的云,是躲不开的
只能昂起头来看着
那些雨点从一个个晦涩的眼神里落下来
或者直接伸出头,等着疼痛的打击

耀眼的闪电,不会给太多的思考余地
听也是雷声,不听也是雷声
总是要等这些坏脾气消停了
天,才会微微放晴

要等这雨后愉悦的彩虹
还有彩虹里那一点点温暖的阳光
只有这光才是思想者最后的乐园
也只有这光,才看起来不遥远

有火的日子,就该有 壶老洒

无关我善饮,还是嗜酒如命
有火的日子,总要有温暖的声音接踵而至
顺着大溪水的命脉,在岸上一路蜿蜒
这匆匆的行吟,不如一饮而尽

群芳渐逝,只有空谷兰香背着行囊
摇摆的步履中往事越来越轻
独饮一碗异乡的苞谷陈酿,吃几段哈红肠
都无法掩盖一场大雪在北方挥洒隐隐的星光

耳鼓轰鸣,此刻作协大院正在脱皮换装
摘掉室外机的空调,无法温暖跑调的句子
有火,在一堆稿子的订书针上
还是缺少一杯降噪的老窖

只有你诗意的身影在我的指尖
那时候香醇的不是味蕾,是鼻下的嗅觉
掌中乾坤只是一缕贴近乡愁的芬芳

那片刻熄灭的眼神
只有荡漾的涟漪才能唤醒春光
多少佳肴不过是种种借口
唯有举起明月，千里乡音才不是距离

半杯红茶，与剩下的半盒香烟

腊月初十，诸事不宜
一支烟独自翻开往事，此刻
捅开月色铭刻的记忆之门
案上比红茶更淳的唇角，掀起一阵颤音
这厚度是岁月的双翼

那时的红酒在杯光里摇曳，语言
就像多余的冰块在脑海里沉浮
一支烟就是时间的流逝
家是壶中的乾坤，没有其二

在蓬乱的句子里，拥抱女儿的照片
那一天
慢慢老去的是爸爸的皱纹和妈妈的臂弯

在酒后，坐在星星的旁边
十八楼外的烽火，鼓角与靠椅无关
茶喝尽，烟点燃

在寒冷的风里思念阳光

冰冷的眼神凝结了岁月的云层
清水路苑的地面,夯车敲打着心谷里的潮湿
四号线地铁站的脉络,直指天府广场

在高高的十八楼之上躲避阴霾
那些综合期刊里的诗歌占据我长久的心神
我恐惧那些让我反胃的文字

星星,已经写进我漂流的户口本
我更想看到阳光
哪怕大雪覆盖了我的村庄
或者隔离了我与母亲和女儿对视的眼眸

很久没有拿起炒勺,那个无烟锅
已经变旧,只有瓶里的花生油还在
保留着秋天的气息

总是在一两个词语里纠结
平原的高度还在那里
但凡三五个知心好友,我都请到家里
取出陈年的好酒

现在,只有冰冷的手指
敲打我的脑壳,这日子
还要继续过

静悟,三月的驰骋

草原的风儿热了起来
抽一根根幸福的签。叶子

目光开始咨詟,燃烧
黑骏马在抒情的纸上
部落在抒情的纸上

三月,镜子里的不是我
起起落落的红尘
渐渐颠簸出笔管里的绿

没有归期的羊群
和被自己放牧的旅人
还有马背上的摇篮

孩子的哭泣,不是水源
寂寞打动远山古老的谣曲

一切站立在敖包的奶香中
马头琴与长鞭
是我经年的行囊

迷惑，夜晚的一声叹息

灯红酒绿中的桌案上，一丝红晕蔓延
玫瑰，盛开在白皙的指尖
两杯冰凉的咖啡
燃烧，一根枯萎柞木的冬天

马路对面一个孤独的老人
沉默地前行，雪地上一行
孤独的脚印

风轻轻地钻进，门扇的缝隙
和沉闷的手臂握了一下，抚摸
眉头上的额头

一段久远的箫音
缭绕在句子的断层中
一声叹息

思念，一杯浓郁的咖啡

窗外的阴霾，随着风
辗转在温暖的脊背上
轰隆的雷，在远处击打着目光
以外的呼唤
双手端起一碗久违的方便面
两根筷子，夹不住
一根滑润的面条

另外一双筷子去了远方
身体很快就能回到对面的椅子上
但是，整个屋子少了一个
流动的背影
面对午夜突然降临的喜蛛
和满屋子飞翔的苍蝇、蚊子

世界突然归属于自己这一棵树
自己却不知道归属于哪一片叶子
胡子疯长的下颌，所以一切都
静止在灯火中
顶起午夜的睡意
除了风，还是马道呼啸的风

句子的缝隙

悬挂的手臂,无法轻易举起沉重的回忆
在所有穿过骨头的钢钉上,发现残存的良知
这些肉丝,曾经连着那些骨肉
此刻被剥离,没有麻药,没有氧气罩
没有亲人的怜惜,目光
凝固在手术室的天花板上
爱人,在室外傻傻地等待
滑动的病床,破门而出

那是岁末,她滑倒在家外面的路上
他躺在炕上看着无聊的电视
半箱猕猴桃摔在地上,脚下是一块
无意制造的冰
那么一小块冰,制造了
喜剧中的悲剧情节
从此,他和她永远地
离开了这片记忆的村庄

阳光轻轻地滚到山的另一面
没有风在以风出名的马道
鲜花不败的围墙上
句子被推倒又重新建筑起来
所有的思想,丢失在泥水混合物中
成为这里儿童的新鲜起跑线

一部没有放映完的影片
在马道镇的一个角落
停止,所有的音乐缓慢地循环着
一分　一秒的时间

流云逝水,停留在额头上

水的一方,是足迹的莲花
阳光的荡漾
双眸中看不见的光辉

一呼一吸间,不眠的夜晚
看灯火明灭
听水滴落在面颊

生生息息的炊烟
和吹笛子的牧童
在仰望故事中的银河
牛反复从胃中掏出食物咀嚼

流云逝水,孩子
春天总是出现在寒冷的冬天之后
寒冷的不是冰雪
是那一双双善良的手

草堂灯影

母亲还在织补我的衣裤
父亲劳累的鼾声撞壁回旋
"锄禾日当午"的汗水流入比比画画之中

油灯恍惚,不能忘记油烟缭绕
声声入耳的教诲呀,父亲
田间一株苗,就是一条鲜活的生命

而立于天地之间的儿啊
找不到回家的路
只有草堂的灯影,随一条河流
流出笔尖,平平仄仄的兄弟姐妹
磕磕绊绊的足迹

只有这道光影闪烁游离
母亲,我生生世世的母亲
为了一只能够写字的左手
您多次举起筷子,抹杀了
后世,双手可以写字的天才

一次回眸，半生的行了

九月初九，在红星路口驻足往事
低头走过的流云分行成平仄
重阳，登高望远的人是你
看到无垠的远，不是岁月的指尖

而今在眼前的笑容都是落花
散光、老花无法看清摇曳的枝头
岁月真是一口井，荡漾却无法溢出
我的微澜只是等待和怀念
你眼神触碰的梦呓

涟漪和梦境中的芬芳都是复述
都是这个日子牵挂的沉重
这牵挂总是个坑
那些出没在坑口的不是亲人
就是故人，还有懵懂中远逝的背影

心有所恋，这光就不会躲闪
命里的水总是流过断崖和低谷
重阳，你在流光里重生
是否还在和命运角斗这最后一程

遍地的茱萸,只有你的背影
还在回光返照里温暖着
一颗滴落的青春
一个惊慌失措的路人

桃花掩盖龙泉驿 一个护花的人

每一朵不自觉地含苞待放的桃花
都顶替了过错的，那些伸向叶底的手臂
并不是心怀叵测

桃花扇、桃花酒
总是要寻一个相与的主顾
让这满园的春色有个去处

又是一年春光好，风筝
还是要飞在花丛之上
这样风就是得意了，马蹄
也能踩着绿草如茵

我们不能忘记向桃树致敬
也要向桃子致敬
不管花儿开过以后，满地的残红
葬送了多少相思泪

此生，还是要做一个护花的人

今夜，我在龙泉驿看星星

这一刻，天是明亮的
黑暗的记忆退到车轮后面
车灯明亮
桃花要开了，再过几天
一个新鲜的季节就到了
绿树成荫，芳草萋萋
这条路上会有太多的花香
拥挤在一起
那些迟到的人，都在追赶最后一趟
开往龙泉驿的地铁

巴金文学院，这个黎明
词汇从一棵棵新苗开始呼吸
星光落下
所有的云沉默在一杯绿茶中
透出思想的光
这片燎原的元音
正在脱口而出
让昨夜奔驰而过的冬至
成为温暖的引导语

住大冰的小屋

滴答滴答,一道流水音落在我的呼吸中
那年花开,灰暗的角落
一盏摇晃的烛火,你的温度
芬芳了这个越来越冷的城市

跟随着唱词的最后一个滑音
我们把梅子酒轻轻地交给回忆
把自己缓缓地端起,在一段
太平洋的海啸中,飞翔出一线生机

我在一环扣一环的词汇中
相遇,那些明媚的唐宋女子
落成秋夜曲,秀发拂过
满天繁星都闪烁其词

有用的人

放下的山,和彩云
从脚下的路开始
阳光下的远方
都是岸

没有谁可以放下,那就都
梳理在案
记住所有的好,哪怕微不足道的微笑
从明天起,把虚妄斩断
星星要发光和温暖

用尽力量去拥抱草原
森林,河流,还有海岸线
把风,都用来发电
把燃烧都用于下个世纪的电能

家人拧成一团
离别化作相聚的前言
做一个有用的人
得到一片蓝天
就还一片蓝天

夜 声

风语不断,只过半支烟的缝隙
钟声就漫过了母亲的笑容
从未想起,出生
是她在这世间最苦难的劫
 去世,是我这辈子最久的疼

长恸属牛属马的福音
在这闰年闰月的四月
长时间惋惜那些在我背后
出生的男男女女

甲寅年的虎,小满
四月三十,这个写进生命简史的光点
把闰四月二十九天的生命
归属于后浪,这短暂的
夜声缓缓地流进星河
我低下头,什么也不想说了

川T
雅安笔记

心在草木几宫间（组诗）

戴九履 · 龙井甘露铭刻在蒙顶山麓

天王寺的石阶，缓缓递来云雨
盘龙为盖，一世滚热的生活
浇灌在中年舒展的叶子上

轻轻地翻了一个身，让岁月的汗
释放出一颗颗芬芳的无根之珠
落入苦难的杯底
渐渐地发黄，成一枚黑白标本

盆地为托，这湿热的光
把所有的困惑全部展开
你不曾为利劳碌的手
落在涌动的茶碗，满口回甜

左三右七　这一行行吟为后人所得

辗转的叶子，落了下来
这一世的风尘，缓缓停息
一只无形的手，扭转着来去之路
只有蒙顶山，不言不语

所谓阴阳，不过是麒麟的云涌
枯枝有影，那些千年的老树依旧吐露新芽
只是无人采摘，无人品味
或许敬畏到了无声的境界

前人种树后人喝茶，这本是福荫
却总有一枝独秀，不甘
略苦，遮蔽着行者的脚步

二四为肩　名山之路有茗留香

芬芳送爽，这一路的草木招摇
躲闪在商贾之中的书生
沿着石阶，寻觅心中之虎
风至，云起

香茗远播，而名山依旧
留在茶路之畔
茶汤却跟着驼铃之声远走
海外

这草木之心，啊
从山麓蔓延，从风
从云，从饮者之口
渐行渐远渐无书

八六为足　隔夜之间味蕾品甘

无间而足，蒙顶之夜来香而不散
清风悄然在衣襟摆处走过
那些被诗句收藏了的背影
渐渐走来

凡事，只有沿阶而上
才能抵达灯光的故乡
在蒙顶山下
驱车而过，是我每年必修的课程

家在山麓的远方
而心在沿着香茗的露水间
缓缓四溢
只有苦尽，这世间的苦都可以回甜
而茶依然在这里
不离不弃

五居中央　种茶人吴理真

普惠，这茶就成了真谛
草木之心缓缓地沁入岁月的脾胃
这茶就有了道

吴理真也就在草木之间找到了
天地的水
龙泉古井悄悄地打开地脉
滋养着甘露和蒙顶山

而道，从无到有
发散到杯盏之间
发散到民间

余波疾驰在眉间心上

那时,震惊凝固在晃动的吊灯
锅碗瓢盆的交响和溅起的汤汁
蔓延在巴蜀大地,哪里?那里!
坐标泸定,坐标石棉

通信飞机从自贡机场起飞
救援队列从成都四面八方汇聚
这就是新时代的四川志气
干旱、高温、疫情、地震
每一次考验,都会见证
人民的坚韧

川藏第一桥晃动初秋的热
龙门山断裂带消解两个
大陆板块的对话,结果
一次次激烈的碰撞,震荡

测试出一个民族的团结
粮食、水、安全帽、绳索
一道软桥架起了生命的通道
咬紧牙关撬开一块危难的巨石
洞开了坦途,那是生的门户

撕裂和坍塌，扯不碎众志
我们与生命竞赛
和时间赛跑
我们庄严地告诉世界
渡过难关，一切会更好

敬　礼

总是在危难的时刻，看见你
盘旋的直升机、浪涛里的冲锋舟
这是生命的一次次战役

总是看见
跳伞的是你
用身体搭建桥梁的是你
跑在生命前面的是你
用青春捍卫家园的是你

我的亲人，我的兄弟姐妹
用一只会写字的手
缓缓地举起，向着军旗
向着军装，向着人民的守护者

敬礼，用我最崇敬的心
向时代楷模、人民的子弟
敬礼，用你最温暖的笑容
向感动的父老乡亲

在索道上,两岁的孩子交给战士

滑坡的碎石和泥土,掩埋了
生命的通道,只有一根绳索
围绕和牵扯着几十个男女
老少的安危

脱离险境,就要抓紧时间
从这一端,缓缓地攀缘
两岁的孩子不懂得苦难
妈妈的手脚颤抖,老人的嘴角
失去了弧度

交给战士吧,他们是抢险
救灾的亲人
他们守护着脱离困境的脚窝
一个一个踩实

孩子背在背上,他是没有
做过父亲的人
却要做到像父亲一样
温暖的后背
扛起未来和希望

每一步的谨慎，和坍塌的沙石对话
用最舒缓的姿势，肩负两边
提到嗓子的心跳
和无声的祈祷

最后一步，踩在坚实的泥土上
那些留住余生的赞许
从眼眸中缓缓流出

"踩着你们的脚印走到这里，
我们真的很心安"

石棉，我在大渡河边聆听涛声依旧

在遥远的呼吸中剪裁一道晨光
在波澜起伏的水珠里
守望书卷
沉默在记忆中的木船和筏子
脚步站了出来
把一双双追赶春天的大手笔
从人在窘途摆渡到雄鸡一声鸣

安顺场，只有过分的河水挽留了石达开
和另外一群离心离德的太平军
沉湎于河卵石之下

川E

泸州夜吟

鲁酒薄而邯郸围

光阴这样的酒火,烧毁了太多面和
而心不和,殃及池鱼也就不算什么
隔岸观火的观众只为吃瓜
放火、救火的人
躲不开命脉潜藏的火劫

火是富贵的命,情火
或是肝火都可以轻易毁掉
一个人伪装的面子
里子成了坊间街头巷尾的段子

薄酒的人未必不喜品酒
只是酒要奉与谁喝
人的江湖浪大风恶
众人皆醒,饮下的苦酒或许品得
也能让路人闻得

箪醪劳师

勾践先生以少胜多的妙计
一坛酒入江河,喝的是酒味
还是水酒之和,无法计算
只是这豪迈的一倒,买得到的人心
成了卧薪尝胆、同甘共苦的杰作

聚沙成塔才能把星星点点的火苗
燃烧成遍野的炙热
信念的传承才有了这万里江山的壮阔
家是最小的国,所有的安慰都在
这举起和放下之间

鸿门宴

不是听说，这鸿门宴的消息
在身边闪现过，不曾觉悟
多少杯盏交错里，战火不断燃烧
胜者豪情不灭，败者
唏嘘不语

案上的风景春秋几度
一双筷子夹不起的蹉跎
含笑中的刀枪剑戟
岂止十八般武艺，闪展腾挪

君子若伪，这万般皆下品
君子若善，只有这个倾尽的优雅
才能在浩荡的风里
留下一幢背影不倒，袖里乾坤
旨在以拱手之礼碾过余音

汉高祖醉斩白蛇

赤帝子醉杀了白帝子
成了传说
回望岁月,只有刘邦自得其乐
而酒醉就成了壮胆的底料

汉出的色彩
为中庸之道兑换了渊源
以至于刘秀和刘备
在杯中寻到自己的疆土

胜者为王,这酒敬天敬地
也敬给了君
未敬者不自知,却端杯相迎
才有了不欢而散

至于白蛇,也是传说,性别不清
除了许仙,不知道还有谁
错把孽缘当成了姻缘
留下傲然的青城山

文君当垆

私奔这种活儿很累
没有胆色的人，真做不出来
即使真喝了半斤八两，说句豪言
也未必有这样的决断

有朵花说过
错过了季节我们就去私奔
那时候胆战心惊
绝没有文君的决绝
至于卖酒的功夫，要有酿酒的
手艺，才是一个人安身立命的本钱

只有那些买醉的人，才不管
酒从何处来，喝干了就是
喝醉了一身透汗
喝得雷鸣的鼾声响透云天

至于文君，除了几句牢骚话
或者自顾自的品茗
挽起的袖管上，一只翠玉的镯子
在小扇子的风里招引路人的眼

煮酒论英雄

一杯君子，二杯说客
这三杯过后是大权在握
杯里乾坤怎是闲人的乐
一览众山小

英雄不问出处，只是英雄落入寻常家
这万家姓能否容下这海口
曹孟德观沧海的雄才

惊掉一双筷子
和三分之一的天下
所谓合则两利，只是与玄德的试探

一碟花生米
能够几次送酒，吹尽
不失豪壮的末路

温酒斩华雄

这把青龙偃月刀的确够快
余温未散,往事已经如烟
时光的水淹没了借口
也断掉了看客拖延症的退路

忠义的人未必都行忠义之事
在过客眸中痛快地演绎
何尝不是一种解脱

赤兔马脚踏生死劫的风云
持刀的汉子在酒魂中快刀斩乱麻
而这乱麻依旧乱在三国的风里

生死皆缘酒

这千古的莽撞人,一声断喝
退兵如潮如水,这丈八蛇矛
不是当年杀猪的刀

鞭打都尉出得百姓的一口气
义释严颜、大破张郃的你
这万人敌,却敌不过一坛老酒
和反复的心机

豹眼圆睁的益德兄
你最终没有看透
这杯里的凶险
更没有看透这敬酒的双手

洗盏更酌一杯无

星火照耀稻壳漫长的来路
高粱的缨,点缀青春的绯红
炉火点燃制曲的眉宇
拾级而上的人,与端坐不语的人
互相点头致意,引天地正气

在一池一窖的浆液里发酵
归入泥土的封存
重温炉火煮开的英雄气
一坛春秋,再次归入泥土

让这辈子的风雪,暂时走开
只有珍惜的手指,才能端得住
这半世的莲蓬
推杯相敬,尘缘如雾

玉碗盛来琥珀光

满目的芬芳,依然抵不过
这流动的光阴,唯有
通透的丝线,拉长了内心的忐忑

杯中挂满经年的醇厚
只有荡气回肠的甘美
才把记忆从一粒高粱浸染得
满面绯红

一杯敬天地贤人
一杯敬父老乡亲
一杯敬发小同人
琥珀送来归乡意,苦尽甘来
从此三郎不识路人

借我此地倒金瓮

廿年风雨,廿年光
车马停处落夕阳,乌归藏
灯火点燃锦江两岸的波浪

人在他乡,他乡也把乡人遇
我已把他乡作故乡,话短长
杯盏之间,回头望

一桨江南,一马塞上
知音只是西岭脚下落叶黄
唏嘘往日波涛里
沉是收敛,浮是虚妄
终归鸟尽弓藏,平仄独品尝

锦封未拆香先透

花蕊如同腮上的面靥一样
总会陷入一些目光里的期许
从窖藏里搬出来陈年的老坛
尘埃脱落才能显出泥封的紧致

揭开邮戳，才能释放
这些沉湎于心底的老故事
一丝尘埃有若鹅毛的轻
也有历经沧桑的重

能够含苞的人，总是会把
美好掩护在平静的湖水下
当汛期不期而遇
一颗莲子也会飘散独有的芬芳

四渡赤水踪迹史（组诗）

太平镇渡口的脚印

沿着我的左手，赤水河左岸
天堑，被桥梁搂抱
在四渡赤水的纪念碑上
红旗，以及汹涌的队伍
随赤水河的波涛
汇入人的长江人的长城

方砖上的脚印，依旧清晰
赤足的脚印，穿草鞋的脚印
穿布鞋的脚印，穿板鞋的脚印
脚印在无声地讲述，那些
波涛里的风雨

九是个位数的最大值，九十
是一百的最近整十数，九十年沧桑
是百年风云的最近值
没错，每一年的风雨
每一年的足迹，都在靠近赤水河畔

聆听新的脚步,这节奏
依然是进行曲的节奏
这步伐,同样是不忘初心的
步伐
在船工号子的回声里,在太平镇
屏住呼吸,跟着脚印

大羊山的狗尾草

挺立的草,在山岚中摇曳
一年一次次地摇曳,草根的兄弟
红旗从你身边走过
你没有挽留,也没有哽咽
九岁的你,目送亲人离去

卸下的门板,搭建浮桥的
麻绳,都不说话
你知道参天的大树,也要经历
风雨,风雨总会过去
军号,还在飘荡,亲人还在冲锋

盼望的路灯、高楼大厦
柏油路、高速公路
汽车、高铁、手机、平板电脑
火箭、卫星、航母陆续登上
你眸中的舞台,释怀也未曾释怀

你还在山上摇曳
你的舞动,带动山风和白云
也带动攀缘的脚步,呼吸急促

汗水,滴在石阶上
那些三步两步停下来的
身影,看着你摇曳
看着你的初心

清风牵衣袖
从一株草的胸怀里
走出,从聆听者的心里走出
你叫胡敬华

鸡鸣三省,在叙永烈士陵园

石厢子的灯火,点燃川南的门户
商旅孔道的鸡鸣,唤醒草木
烽燧遍山河,只有永宁
才是真正的安宁之乡

如今的中华,无须
歃血为盟
命运的共同体
照亮《护国岩铭》

每一个名字都应该
被书写,被熟记,被歌颂
被吟咏,在川南书院开花结果

"一个有希望的民族
不能没有英雄,一个有前途的国家
不能没有先锋"

川Q 宜宾帖

在竹秋,凝视龙抬头的缟素

新绿和持久的白,对于木讷的人
落在笔下,是黑色的人形墨迹
或许我们习惯自黑的点染
也习惯透过黑色的墨汁
走笔体温和清白

清理须发的日子,致敬母亲和舅舅
腊月和正月积累的喜气和富贵
散布在走过的日子里
年节也就消化在细碎的生活里

或许不记得什么时候开始
不愿意过年
不愿意长大一岁或者苍老一点

青春真好啊,破土而出的笋子
贴近阳光和雨露
虚心向上,长出自己的势头

而僵化的关节,每一次轻轻地抬起
都会是一场大汗淋漓
都会是一场霜降
落在鹅鹕潮湿的眼眸里

杯中春秋

性别在玻璃杯的皮肤上隐形
点点春秋的动荡，只是举起的敬意的水线
却无法落下致敬的手臂，无论相濡以沫
还是倾空过往，一杯酒消解掉的恰好是平凡

岁月从来不缺少波澜
悬念的暗，那些在履历中闪光的重
至少在相聚瞬间，可以释放唇语的砝码
皱纹是身体的生活之波，静谧也是生活之河

酒存放久了不喝也醉，喝了还是要醉
好路都是弯曲的，也都是陡峭的，光阴总是高度的
在躲避灰暗和晦涩之后，我们不曾言说
不说也罢，败走麦城，还是直抵洛阳
那些沉湎在文字后面的面孔，只剩下耳鸣

我们举杯吧，告别灿烂和荒诞的日子
在一场碰撞的声音里记住，我们的
酣畅淋漓的拥抱和含蓄的笑声

盘　子

这样的盘子的生命确实有些精致
精致得没有一丝烟火气
在文君骄傲的柜子里，重叠着
所有退休老人幸福的日子

我们的脚步踢踏着古堰小区的门槛
楼上楼下的风雨淹没在笑声之中

水一样的柔弱，却被她快捷的脚步
踩得七零八落的沉默
有的就是生活的盘子
和春光里的火热

音乐中,与伤怀的词语遭遇

这些音乐的叶子,打湿了眼睛
然后在脸颊上平行,一些古典的枝叶开始衰老

弹性的手臂和另外一些
手臂,疏远了所有的距离,峄山脚下的草屋
持久的炊烟,和栅栏上的葫芦秧子落进
潮汐的酒里

孤独的牧羊人与奔跑的羊群
沉浸在平原的夜色中。一块世俗的顽石
渐渐褪尽春光

大雪步步紧逼虚掩的柴扉
云游加速的大风中,一杯酒就是最后的爱情

川L 乐山帖

入临钟,远望峨眉成侧影

阳光绕在指上,蹲在护栏上
被逼离猴群的老猴王,守望荣枯
抢走路过的袋子,是峨眉山
最后一道岗哨

书卷被丢在路上,书生摇头
佛经被丢在路上,居士落泪
结婚证也丢在路上,爱人苦笑
他不愿我带走佛光

跳回护栏,他脸上写着
蜀山的无奈
捡起袋子,这是今后的精神食物
和我的幸福牵手离去
他翻不出来的佛缘,一直在我的手上

罗目参禅

靠近罗目的唐一地散碎的石板
几处幸存的风光

沿途裸漏的屋檐下
唐的月光依旧照在行者的足下

今日看不到昨日的金戈铁马
只有一缕茶香,蜿蜒直上云霄

聆听一曲禅唱
布衣的我依然在赶考途中
寻一碗香辣的面食

钟声回荡

在马边中学,与青春的一次对撞

信口开河
青春就从一个诗字开始
与心中的一个个元音
发出扩散式的生活涟漪

拾级而上,那一双双眼睛中的
清纯
饱含的渴望多么贪婪
仿佛一口言井,就这样
被深深地挖开了寸土

推开这么多窗子,有多么辛苦
如同自己也被推开
陷落文字的身影里

青春的样子都在眼前
收缩成树
而光阴的拔节,都留在笔端
留给这些未来的马边人

在罗城船中楼

落进鼎沸的市声,所有的身影
飘浮在喧嚣的气浪里,仿佛今生
只是一片秋后的树叶
从苍翠中渐入秋雨,茶香四溢

奔忙的汗水浸在丝绸汗衫上
浅斟慢饮悠闲的时光
躲在云后的笑容开放在一瓣
香甜的新桔之内

船行万里,搁浅在罗城的山顶
楼上的旌旗摇晃出斑斓的历史
那些金戈铁马的硝烟落入纸卷
在我点燃纸烟的间隙
三两声号子,落进翻开的茶盏
最后一刻用镜头留下的史记
竟然是说书人拍响的桌案

川C

自贡光影

仲夏把自流井的盐水滴在脸上

这次我真的被盐水打湿了眼睛
亚热带温润的季风,吹落了
这滴盐水,落在井边的盐盆
取盐的人也在造盐
从身体里一滴一滴地沁出盐水

脸上的笑容和盐水
蒸腾,在家长里短的缝隙
缆绳圈住男女老少的心境

我只是路过,这空灵的部落
或许因为玫瑰之冢
或许是因为轻若芷水
或许因为白丁,苦于风土

在龙王庙茶楼的窗口
净水浸泡青春和诗句
让每一片叶子释放时光的芬芳

天 元

星星的光辉不散
纵横光阴的十九道沟壑
迷路的人
在彼岸的玲珑局中左冲右突

芳华还在，极之北
游鱼从浅水之处出走
喜鹊在银河的舟楫上
释放沧海桑田的格局

剑门在上，手执万卷的书生
锦衣怒马踏遍千里云和月
绿草如茵，只有这个人和
弹奏着的地方的笙歌
缓缓漫过眉宇之上的身影

川D
攀枝花语

水墨二滩

川西之南,温暖的阳光
落在百里画廊的水面
有百媚之风
抚慰红格,小寒之中的微澜

彩云手软,打翻了江与山的墨盒
这遍野不规则的色彩
让复阴的心事定格在光影里
眯成南丝绸之路上的一条曲线

"盐铁中心,边塞重镇"
有些烽火潜藏在山峦之间
而今高高在上的太阳能板
与二滩水电站勾背搭肩
收捡大自然的慷慨

稀有的氡气温泉
洗涤尘路上的三角梅
让绿草茵茵,舒展盐边的滋味
从钒钛的含量中获取人世间
最丰厚的回眸与点赞

阳光盐边

时代的高铁,在盐边停靠了一个站
山水间的阳光,也在站台上
迎接每一张笑脸

风力发电的风扇,一路旋转
电镀板从盐边的山上
落下一片光影和玄幻
青山绿水蜕变成金山
银山、矿山

地壳下,流出了温泉
温暖地洗涤
千百年茶马古道的风尘
让南丝绸之路开出火一样的青春

阳光盐边,在川西之南
在春风里,花开艳艳

小　城

盐边，是湖广填川的蓓蕾
故乡远望，只有把乡音乡情堆积成
一棵大树，才能让开枝散叶的人们
记住原乡和根系

走进小城，无须搭讪
只要把口音一亮
就是回家，就是把离愁
装进酒杯，在月光里
饮下彼此的往事

小城，也是不断迁徙的重镇
只有读懂的人
才能够在寒暄中拥有家

犀牛望月

头南尾北,背负着一座陵园
这是盐边的"犀牛"
亘古蛰伏在月光的下面

或许,窥见的瘦骨
便是盐边人的韧劲
稻米滋养望眼欲穿的渴望

不撞南墙不回头的崛起
是盐边的鼓点,用
煤炭和钒钛,阳光和温泉
鲜花和水果,召唤
追赶幸福的人

犀牛望月,月在望着每一个人
盐边,栖息幸福和心安的地方

天生桥

永兴河永远想不到这座桥
会追随一生,沧海桑田
五百年桥还在那里

三生石的桃花,落在流水里
是随波逐流,还是一辈子的相思

花开花谢,不过是为了流水
只有站在桥上的人
才能看懂谁和谁相偎相依

夫妻树

一株黄葛树,依偎一棵攀枝花
就成了纠缠一生一世的夫妻
没有谁在乎它们来自哪里
一个挺直向上,一个攀缘不舍
这也是一辈子的大事
没有一朵花开给无情的人

只有满眼般配的盘根错节
才能让一条路安然地融入
这平静的画面
怀抱着风雨,亲昵地携手

只有云才含羞
躲开了风的追逐,落在山的那头

川F 德阳行迹

一杯浊酒喜相逢

德阳，足迹在一个蜿蜒的圈子中
铭刻一些亲切的背影，有新交也有故友
而车子却挂不上倒挡，只能前进
在市区，一个人寻找修理师傅

在记忆中的笑脸开始发芽
从转动陌生的门把手开始
寒暄是多余的叶子，所有的话题
总会归到一个根上来

廿年如酒，只喝上二两
足够让没有酒量和度量的人唏嘘
酒是有数的，这辈子能喝多少有个度
不是任谁都值得你举杯相敬

德，是个看不见的标尺
或者你看见了，也未必是真的
只有酒才是真的，可以让你
把陌生的距离淹死在离开的路上

九月在三星堆里寻找可能的影子

我说的可能不在阳光下,也不在眼前
只是内心的一种期盼,在三星堆里
看到前世的影子,我没找到
或许很多人也没找到,轮回
总是出现在不可能的时候

这下子,可能就出现了
一切皆有可能,是告诉谁
那些青铜面具还是凝固了飞翔的神鸟
这些都是可能,我们站在可能的外面
身边一个小女孩飞快超过了我
对于她来说,看不看都是一样的

高温的德阳,潮湿中江

我一向不辨方向地
行走,一切都不会
有尽头
即使明晃晃的阳光
消灭所有的
影子

总是在手谈中
唤醒沉默的青山
无法成为一根有用的
缆绳
面对远去的轻舟

风雨白马关

白马消失在陡峭的金牛古道
雨水落下时光的薄屏,隔开
漫天的星斗和书卷里闪耀在罗江的人名

绿叶呼吸命运的候鸟
从碑文里唤醒苍松翠柏中剑指西南的翘楚
古井无波的凛冽映照金牛古道的刀枪剑戟
明月还乡,古蜀的旌旗还在
漫卷着凤雏的哀鸣

香火熄灭了斑驳陆离的流光
只有一行后世文人墨客的足迹
在蹒跚学步的独轮车痕上
阅读李白、杜甫的唐人之态
仰慕苏轼的大江明月

尧氏在道光之年修桥的善
铺路牌坊的残互为参照
把天府之眼留在了断枝
裂纸的意象中间
白马的嘶鸣，由远及近
我在最后一眼的余光里
见证一道寒光

川B 绵阳手迹

岁杪绵阳，我把涪江的水温暖

从富乐山望去，越王楼还在
只是手可摘星辰的诗人，拂袖
去喝酒了，身后的影子
落进涪江，我指着王德宝的袖口
他挽起青春的剑南和白鹤林
在大胡子雨田的惊雷中
泛起诗的波澜

这一年，每次到游仙
都避免不了和马培松错过
也无可避免地让李致富拖着病体
和我穿行在大小学堂
埋一粒种子，需要很多年

星星进校园，只是偶尔的晨光
我们把三尺讲台，放在操场上
带着三千学子，诵读《静夜思》
诵读《沁园春》
在绵阳的每一步，都是寻觅
蹒跚学步的踪迹
让涪江的水，浣洗更多清明

从越王楼的暗影中走出肝胆相照的星辰

一说越王,我就想起那个家伙
卧薪,不尝胆
都是一段段生命
而涛声,不断落进我的呼吸

百尺危楼,早就站在尘埃之上
满天的星辰,依然活跃在天际
那些胡言乱语的茶客,或者正襟危坐
或者活在壶中,根本不理

江湖的险恶,只是望见
涪江有多少泡沫淹没在
层峦之后。我不善言辞的兄长啊
白白把一厢情愿落成白发三千丈

扁舟散发的你我,何承不想
用碧血丹心,唤出一片孤烟
就当无悔,把满庭芬芳写成几段分行的
岁月,随便让路人挑拣

数块青砖上，车马奔腾而过
这栋满目琳琅的句子里面没有看到
任何一颗闪过光的钉子成为栋梁
只有一路石阶不曾言语
不曾想过让自己绣成破碎的沧桑

大雾,长途客车熄火在去绵阳的路上

视野,能见度不足五十米
车辆一字长龙
司机谩骂鬼天气和破运气
乘客倚在座位上,莫名地期待

大雾一样始料不及
旅途的挫折,打乱了愿望
只有去车下抽一根香烟

这是第二次去绵阳,地震周年的时候
我们来过,为了祭奠那些亡魂
这一次为了我的表叔
和他的公司,也是我的重逢

表叔的拳击手套上留着
我的鼻血和恐惧
还有讷河小城的记忆

如今身在四川
我们会亲切多了

在游仙，回到乡愁的方舟（组诗）

在游仙，回到乡愁的方舟

犁铧的刃上，土地所有的文字简化成两个
落在泥土地悲悯深度之下的汉字
这些东西奔走的诗行，呆立在一个个老物件的怀里
从一台失声的留声机旁落下落魄的蜘蛛网
从一盏盏失明的马蹄灯上盗走童年的时光

在一台失去波段和调频的收音机里
存放着母亲最后的安慰
那些陈旧的连环画册，带着多少梦想
从蜿蜒的山路崎岖递向绵阳
递向四川，递向游子的南北

在仙游，在我记忆深处的声音里
一把锄头，一把镰刀
都是家园的芬芳，只有爱
才能让皮肤更加敏感地接受回忆

岁月的痕迹里，人也在不断地变旧
一件手动鼓风机吹走了谷壳
也吹来了思念的一颗种子
让所有的人，不忘初心

在十二万朵月季中间

那些盛开的,有爱情,也有友情
这缤纷的月季下面,生长着来去匆匆的绿叶
和唯一无根的游仙者

在花开的时候,靠近一厘米都是钟情
那些奋不顾身的拍摄者,伸出自己的镜头
也伸出了自己的贪婪和渴望

在十二万朵月季中间
分不清哪些是爱花的人
偷花的人
采花的人

下辈子就做一个盗花的人吧
在十二万朵月季中
总有一朵是自己前生丢失的爱情
总有一朵是今生的幸福

在绵阳富乐山上

两位刘家的大叔坐在桌案的后面
桌上没有酒,两旁文武
神色不一

众家兄弟一起大吼一声
从此巴蜀就归了皇叔刘备

富乐山,就这样成了
一幢汉家的碑刻
无字,而意味深长

洞天之处,尚有香火
龙脉所指,一片大好山河
富乐山下自是富乐

在一片碎瓦上的李杜祠时光

芙蓉溪畔,水从清朝流过来
上游是唐,李白和杜甫
分别坐在故事的两岸
自斟自饮,或许
我可以过去喝一杯他们留下的时光

身边太多的眼睛盯着这条水径
没有一只船
我想涉水而去
只是不清楚唐朝的温度
是冷还是暖

我就站着,身后的富乐山也站着
远处的新泉先生留给我一个背影
他满头的白发中
有一颗星星亮了一下
又亮了一下

麦浪的风骨（组诗）

怀念麦芒

绿色火焰是秋风的礼帽
最后传来的消息，被闲置的镰刀
还有整块的磨刀石，以及父亲的汗巾
重新被推到田野的高潮上

熟悉的麦垛和被少年们诱惑的家雀
站在打谷场上光阴的背影，数着
一车又一车结实的麦粒归仓
那时候，麦秸被折断，麦穗被打碎
一滴滴血汗，被不断扬尘和擦拭

那些成长后的尖锐被遗弃在风里
甚至无法成为柴草而被收藏
麦根被拖拉机翻进土壤
麦芒是农家子弟最后的一件衣裳
也是这份青春成长
最必要的时光

从一株麦穗开始守望

麦芒里,中年的阳光很足
从镰刀的缝隙里抓住少年挺直的麦秆
这是虚怀的乡愁,饱满的麦粒
凝实朝拜的交响乐音

在绵阳的光阴,每一步田埂上的行吟
为丰年注解,为幸福发声
那些摇曳的麦穗
摇晃微醉的身形

大地是最好的舞台
从月夜的璀璨开始,拔节灌浆的
麦子,是我最好的兄弟
酒曲,是最好的伴侣
麦田,是最柔情的家园

从一株麦穗上走出的饮者
原乡的原香麦露
在一滴滴回甘的液体里
膜拜杜康,也膜拜李白
唇齿间数不清的晨昏

重归麦田

五月的麦子还在歌唱,青春
在麦浪里自由地飘荡锋芒
少年追梦,德宝兄
在麦芒的阳光里,一览无余

一根根挺直的麦管吹出
内心的张望,星光熠熠
一行行列队的麦子,培松兄
列出绵州成长肥沃的土壤

一株即将成熟的麦子
经过拔节、灌浆
在大地的怀抱里,雨田
一路歌唱,歌唱渐远的烛光
歌唱剑南那些开满胡须的星星

在麦田里阅读

麦子饱满的名字收集五月的光
挺起草帽和画笔的草人
从一滴光阴的苍茫中守护,青春是一个或者半个
迂回的词

收割麦秆的人搂住收割的喜悦
麦芒拒绝亲吻,我们这些
背对村庄的人
在麦秸垛下,呼吸草木的记忆

摊开双手,蹑足在麦穗金黄的年华里
这麦粒中的液体,是成熟的泪
那些苦尽甘来的人
在收获的季节完成成长

我这乡里乡亲的麦子
出嫁的唢呐声高过丘陵
送亲的人坐在麦田里
一句话都不说,心音忐忑
他们用持久的爱意
赞扬麦子的归宿

在麦田里饮一杯鸡尾酒

麦子的乡亲,从杯影里折射出
柠檬光环里五月的清香
那些随意打开的镜头里
麦穗的重量被书写入风中

在一阵麦香里,窥见自在和从容
从略带窃喜的龙门阵中
寻觅布道者的行踪

小康,是一颗丰收的麦粒
一杯鸡尾酒的光影里,麦子摇曳
这成熟的曼妙,从列队的身姿中
静静地释放着回甜

在麦田里,青春渐次掠影的回放
我们从匆匆的脚步声里
聆听麦子中年的醇厚
和一道渐行渐远的足音

在麦坯成山的酒曲车间

颗粒的骨感
挤压成生活的粉末
麦子,我的兄弟姐妹
情感的水
调和出来的生命,品相如一
被生活的理智再次挤压成规则

方坯的棱角,热在内心散去
体面成生活的堡垒
高温的岁月
孵化出生命的蛾
这就是我的前世你的今生

向死而生的霉变,我的兄弟姐妹
从那株麦穗开始
土地、麦秸、麦芒
思念的骨肉
在衰老的内心开始发酸
发酵出醇厚的余生

川H 广元墨痕

箫声咽，古道情音尘绝

秋阳在茶水里尚温，寒风起时
凌乱的身影卷不齐残叶的边缘
只有摇晃的身躯，成为余生的坐标
这一声呜咽，只是直肠人的绝笔

雪山不远，所有停顿的目光
掩饰不住即将来临的秋霜
岁月轮回掩盖不住内心的忐忑
瘦马摇摆，只是这八千里路
还在唇齿之间吞吐

任谁也无法跨过这滚滚的红尘
只有垂钓的人还在岸边苦守余温
环顾着西岭脚下，还有多少足迹
可以跟得上一颗激荡的心

墙外的三角梅依然开得不知时节
而绝尘而去的白马
只有一阵铃声留给遐想的归人

且向花间留晚照

天命的枝叶,舒展和凋零
西岭的落日,收揽红马的毛发
晚霞漂染指尖的归去来
在暮鼓的节拍上唱和

蜿蜒的笔韵
"雕栏玉砌应犹在,只是朱颜改"

春水向东,暮秋向西
蜿蜒的古道上,还有昏鸦几声
挽留随波逐流的心事和烛光
摇曳不断抽丝的身体

春在茧里,一浪胜过一浪
光的脉搏涌动年少的潮汐
满目芬芳,我用力
读山读水,读大写的"人"字

留待青山,在花开的时节
收存垂暮的无花果
从字的字头写到字尾

背对往事

摇曳的花草
定格成春晖的脚步
和流连的鸽哨,掩盖了
梦境的铁轨

这个背对往事的人

坐在光阴里,用茶的氤氲
展开身影,如
一尾鱼,从雪夜出逃
大地深处,一盏油灯里
煎熬着针尖和顶针的线索

马蹄踏碎的泥土和车辙边
步行的人,在空旷中
消失在兴安岭的深处

春雨断桥人不渡

中年的笔迹跟不上这场太阳雨
一厢情愿的风里,油纸伞
和纸鸢渡过阳光边缘
留下荧光灯的花季

那些年追过的龙
一鳞半爪的余温还在风外
润物细无声的点滴
让云海凝聚成大段的连续剧

泥泞里陪你呼吸的人
在晴朗的大地上,笑着摘下梨花的瓣
卸下带伤的雨衣

喜鹊都在忙碌于搬砖砌瓦
七月七,只是有缘的人相聚
无缘的人
都在这一场雨里守望

春色满园关不住

迎春花的笑声,从沉闷的往事中
散落出脱胎换骨的记忆
一瓣心香,染绿了李白归舟上
眼清目明的断句

这也是一行新的感悟
花色还是去年的好
枝头上摇曳的思念,为汪伦
展开了风雨后的词牌

在夜半星光的看护下,云淡风轻
草木安然度过了涅槃
阳光照耀的身影,化成了
这一程山水的撑篙人

三生石旁,鸿雁在云鱼在水

琴弦轻拨鸿雁背上的情丝
指上氤氲掩盖鱼的行踪
在花蕊上凝结的相思露
不见行者的孤岛
四目相对,秋水含着西风
荡起的芬芳

岸在岸边,舟橹中灰飞的韶华
在满头白发里掩盖一炷香的前世
今生,许愿树下的身形
煎熬这片芬芳的叶
壶里的分解是雨打芭蕉的变奏

提盏风灯,沿着一川烟草的暮霭
十里的亭台上,击掌
然后再目送你看云影
我听风声,把一身风尘弹
落在半阕辞赋里,褪尽风华
守望成另一块望石

从尺八缝隙里听唐朝的吟诵声

经心不断从音符中释放
白马的蹄音
沧桑不凉,只有三五行人不断
我顺着音律走上去
与李白、杜甫、白居易
面面相觑,我不说来意

他们自顾不暇,扁舟散发
酒一樽,他们是自己的神
草堂秋风未停
浣花溪畔总算有个家
《琵琶行》《长恨歌》,白乐天啊
依然是个不合时宜的卖炭翁

三生有幸,诸位也就别装正经
你唱一曲,我给你轻轻诵
他写一首,我来缓缓读
唐朝太远了,你们走不过来
我也没法留下,只有这根地无管
算是留给路人的回声

笙歌散尽游人去

面对余音的缠绕,桃花依旧笑
在枝头,那双慧眸里
流水,承载桃花的惬意
映照春风内唐诗宋词的微澜

从草的角度仰视流云的笔迹
牵手的鸳鸯,在春雨中
各奔东西的舟子和岸上踏歌声
渐行渐远

我紧握一串手镯,蓝田的玉
落在松花江畔石桥下的残梦
纸上的故人,频频举杯
邀约明月照我,饮下陈年的相思

烂漫樱花十里烟

浩渺的心音,从半枝樱花
舒展含蓄的玲珑
草木把鸽子的意念放飞,策动三月
群峰耸立在烟波里

石板和石凳,被风擦拭了雪的痕迹
圆润的光泽收敛岁月轮回的划痕
手牵纸鸢的人,用丝线缠绕
踏青的人

春水无声的堤上
欢呼雀跃的音波,反复冲刷
一个词汇的内心
和两张相熟的脸落入草与草之间

似花还似非花语

站在我右边的火烈鸟
用一首诗歌打开履历藩篱的缝隙
星空璀璨，光阴越来越旧
在或近或远的钓岛上
足音是击碎归意的巨石

摇曳的芬芳，从铺开的绵白纸上
落下余生鸟鸣的线索
还是一朵杜鹃的故事
从钢筋水泥的丛林中出走

摇曳的裙影，从一支笔的尖锐里
转化成落尽青丝的慈悲
她与酥油灯对峙
她与寸土之心对峙

依然开放，依然淑慧
只是一朵花从婉转的生活里
转身，成一句开示的偈语

本是青灯不归客

只因风里还有你
百年的笑颜，犹存
百年的芬芳，荡漾
我站在风的缝隙里呼吸

这滚滚的红尘里
也只有你收揽着不羁的舟心
点燃遍地黄花的秋水

孟婆失手打翻的一碗忘川水
铭刻在天涯的这一段
唯有不舍延续着滴水的眷恋

归鞘的三尺寒锋，只是
侠义人的伴侣
却不是这昏暗中的光明

只有烽火联营的马嘶
和鼓角
穿透了夜色和寂寥

川J 遂宁碎片

遂宁手记（组诗）

前不见古人，后不见来者。
念天地之悠悠，独怆然而涕下。

——题记

我从幽州来，拜谒子昂

子昂兄，我从幽州来
跋涉千里，只为拜谒
那些比我老的人

为那些舍得的俗事
也为孤篇压盛唐的张若虚
那轮明月

夜风是凉的，我带着
幽州台上的风雪
和西雅路的风雨

如今的沱江上，或许只有
三两个人在对酌
只有幽州台搁在你我中间
不言不语

如今，你的墓地在修缮
那些石砖，或许是从盛唐
拆运过来的一首歌
顺带聚拢无数名词的身影
继续吟哦

在宋瓷博物馆

在瓷片的纹理中,宋
是一片开釉的雅致
西山不语,渠河静穆
只有光,在每一件器物上复活

崖山之后,满江红
压住的两宋风云,在消散
只有这些瓷片,传递着
盛世的光泽
我从幽州来,如今
这些自然之韵
唤醒汉民的膜拜
也在唤醒那些水火之间
高温和炙热的词汇
重新融合与消散

观音绣

绣娘的指尖,点缀光阴的润泽
针线的缝隙,遂宁温度
在莲花座上成像
在荷包上龙飞凤舞
在虎头帽上,辟邪镇祟

这是俗人的精华
也是茶余饭后
在针脚里,静坐出的溯本求源
和天地箴言

福寿康年的愿景
在云霞中巧手编织
蜀绣,也是目光里的崇敬

涪江号子

江上的孤帆渐行渐远
沿岸的纤工,也消失在夜色中

越王楼上,手可摘星辰的谪仙
握着杯盏,饮尽这对影的第三个人
涪江两岸风情,连绵的灯火
照亮江水的落寞

纤绳再粗也粗不过
老爷们的喉咙,喊天喊地的声浪
还有谁,踏着歌声
推开家门,怀揣带着体温的几枚大钱

"坐歌堂"千年的婚嫁歌

别开口,一开口就是
一辈子骨肉的分离
别开口,一开口就是
瓜儿落地,落花成泥

一开口,坐堂是家的宝贝
声音含着成长的光阴

声线缠着开天辟地
只有另立门户,再开新枝
才有香烟续延

蓬莱大乐

周礼的新枝,延续在蓬莱镇
这飞入寻常百姓家的雅
也就流传出兴盛的谱

非遗,一定是要
传下去的薪火
在六艺缺失的眼眸
笔墨纸砚,成了才艺
琴棋书画,成了本领

蓬莱大乐,唤醒了洞藏乐音
也唤醒了这个时代的神经
不学无术,言之有物
在隆重的乐音里,我们
只是目不识丁的蠢徒

倾斜的印鉴上铭刻一生的眷恋

这些凝固的篆字上,我的岁月
封印在镂空的字面里
那些带有色彩的印泥,也无法改变
心里的执拗

这些被淡薄的故事,经常会是
一个名字或者一张老旧的照片
或者是他静静地靠在一个盒子里
等待着一双温暖的手臂

举起这些发光的光阴
太多时候,我们都是沉湎在
白净的纸上

那些留下的足迹
蜿蜒着从眉宇间的皱纹中
突围而去

靠近黎明点燃的一扇窗子

你随意地出入,在正常与恍惚之间
时光打开冬天的白色口袋
有些风浅浅地吹起
所有星光含蓄地洒在窗棂上

这是午夜后的第一声鸟鸣
击碎了固执的灯光
和身影行走过的味道

这蓝是蜕尽苍茫之后的血色
我只是伸伸手臂
把那些没有点燃的往事
封在抽屉里

阳光啊阳光,把我照耀

即使不是黎明前的彷徨
这中年的光,依然很温和
所有的亲人,不断地
从我生命中渐次走开
我一次又一次脆弱地跪倒在夜色里

断了根系的牙齿,仿佛只是痛
痛在一方水土之上,痛得
仿佛盛开,只是绚烂的一瞬
凋落才是生命的原乡

地平线的云雾总是缭绕在思念里
在我苦不堪言的诗句里
阳光才不会西落远山
才会让夜色涂黑青春的星子

如果只是偶然，我把你写进一首诗歌里

一朵花开在时光的流水里
那些芬芳就会留在记忆的深处
成为远航者的坐标

在这首诗歌里，你安静地聆听着
文字以外的声音
和所有凝固的思想

这只是偶然，在所有的底色中
你闯进一首诗歌里
再也没有出来

当喜鹊飞上我的记忆
你就会从七月初七翩然飘来
那时候，我已经是另外一首

把你写进我的生命里已是必然

窗上的凌霄花终于在中年以后开了
你从来不惧怕阳光和远处呼啸的寒风
尽管你丢失在岁月里的锋芒还是会刺痛
那些光阴的影子

这一只红色梦幻的酒杯
被多余的思想装满,然后就着一块清脆的话题
北大荒和兴安岭那些滚滚松涛
痛快地倒进喉咙

把你写进我的生命里已是必然
那扇窗子外是我的故乡
我的茅草房和一片遥远的月光
只有低声回旋的牧笛

川K　内江之夜

月亮,今晚落在内江上

在天空有很多云的语音
说话的回声,让我听见
是内江的风雅颂。谈论
桂花的哭声,吴刚劈落的叶子
嫦娥酒杯里的雨雪

摆上月饼的日子,我和玉兔
互相张望,她不说话
用力看着云,看着人间
流年似水的内江,桂花开了又香

这一江的诗词歌赋,要饮多少杯
年华的瓜熟蒂落,他们写着生命的脉搏
歌着鬓角的哀乐。用平仄之间的一道墙
树立起内江诗的风波
歌的脉络,人的品格

五指山

这是扭转乾坤的佛手
耸立在石莲花的旁边
五指向天,翻手为云
心猿依旧忐忑在三星洞里

池塘里鲶鱼在游弋
春天从草木的芬芳里
探出胚芽,滋长潜伏在西蜀
深处的念头

采青的人
大声地宣讲黎明的甘露
和田园的新

从泥土里攥出的金饭碗
盛满古蜀底色的雨
生是万物的根
态是百家的兴旺

在五指山庄夜观天象

上弦月是最近的人间灯火
嫦娥的目光
从沱江传来的马达声和高速公路磨砂
催赶夜幕下的归人

我骑着自己的脚步
从天命之年中取出三两三钱
放在绿茵之下阴干
用一杯旧事重提的炉火
温开半生心雨

有一颗北斗星,悄悄告诉你
那些找不到北的苦闷
在关节疼的低吟浅唱里
剥开云层里记忆的茧

一目十行地扫描
资中的二维码以及康白情
和傅天琳的往事
然后在西岭冷漠的坚守中
获得足够的背景
坦荡自己的余生

文　庙

状元桥边的金鱼，呼吸
资中的文脉，我们这些
攀爬格子的诗人，至今
不会琴棋书画

唯有几声叹息，留在门楣下
圣人门前，我们熄掉烟
正冠，屏息，肃立，喝光苏打水
三虎不虎，二楞不楞

这是后世人的一点敬畏
不同于孩童时的玩世不恭
我们还是懂得，文无第一
浩气长存

在文字的高格上
仅仅匍匐也难以幸免
一把戒尺的教诲
或许，心存善念
才好意思，悻悻走开

武　庙

在武庙里开馆的圣人门徒
或许，除了勤勉之外
也会目睹神采的色泽

或许不是三国，也会有纷争
偶遇这忠义之人，二楞
你我，既无赤兔马
也无偃月刀

在走过的时候
窥一下爷的红脸
和爷手中的金元宝

磐石古城

人在石外，城在诗里
所有的青石板，收敛着
光阴的记忆

掉漆的匾额上，岁月的痕迹
一直爬到脸上，沟壑里
掩埋着资中的锣鼓声

酒旗下，老提篓装满
年华的波澜
只有留在状元祠的画像
才真正留住了古城的烟火

资州的名讳，才会在
笔墨中隐隐再现

在重龙山永庆寺山门观日落

观世音守门,财神守城
这日落的地方,还有几树
祈求的红绳牵挂许愿的心神

香积厨的百味,淹没了
俗事和夙愿的草木
我坐在山门,点燃又一根香烟

不问后世,也不问前生
只问落日的印戳
盖在哪一朵云上,才有雨水
落在故乡的院子里
落在父亲的瓜藤上

寺有言为诗
诗无言为寺
至于经文,一直在那里
等待有缘人展开

川R 南充手记

奔赴嘉陵江的高铁

从验证码的丛林里脱身
慢了一个小时的握手,瘦的人
十分钟的等待,电话里
怀揣那一年,熄火在高速路上的
客车,和胖子枯萎的微词

香稻路的波光,荡漾
理科生柔软的目光,从初识的尴尬
和细致入微的贴切
或许可以点亮辞海的光
至于为什么,这样的难题
只是看不见的留痕在隐隐作痛

走路的莽撞人
裹着水的青春,临摹
嘉陵江流出的夜色
和断肠的词牌
还有灯塔下流淌的花香

落雨的嘉陵江，瘦就是温暖

他用一江诗句，装帧自己
和自己对弈，把放牧的舟
放逐到小满后的方块字里

垒起往事的城堡，老坛
溢出回肠的酒香
醉行书，一词不说的饮者
随着月影，频频向光致敬
向星星示好

我是一个非常想瘦的人
瘦过皮包骨，瘦过青春痘
瘦过一行行平仄中低血糖的唇语
雨水不想示人的袖里乾坤
把一份属于客家的胸怀
装进鸡鸣堂迎客的炊烟

从南充到南部,隔着不止一个升钟湖

和升钟湖,只隔着一个邓太忠
相逢在时风之中的笑容
有一半落在锦江龙抄手的碗里
一半落在微信里,分行的记忆

和南充,也隔着一个邓太忠
他惊喜地告诉我,兄弟今年就喊你过来
升钟湖的莲花开了
诗歌埋在农家院的坝子上,等你来

在行吟里采诗,也隔着一个邓太忠
跟着他的踪迹史,留情的把柄
看他言不由衷的憨厚
和盛情难却的橄榄枝

我从千山万水,奔赴嘉陵江
你从南部也在奔赴
那是一首诗的距离
也是两人之间的情谊

南充,落笔的词

其实,南充于我不陌生
司马相如、朱德、罗瑞卿,还有
这么八卦的阆中
更不要说袁天罡、李淳风

香积厨的李亚伟
打工到广东的郑小琼
流传于歌坛的羊子
沉鱼落雁的蓝晓

楼下开面馆的姐妹
川北凉粉、松花皮蛋
还有念念不忘的张飞牛肉、营山板鸭
南充是一个大词

我在这个词语上停留了一下
就被嘉陵江的水汽和山影
定义在流放的高铁上

阆中散记

很多人让我去吃张飞牛肉
哇呀呀，暴眼环睁的黑头
看着不舒服，吃着也很难消化
再看看那粗壮汉手中的钢鞭
还有绑在马桩上的笨牛
手肯定会抖，这一抖
就把蜀国的历史，重复一遍

我当然义气为先
没有白脸的哥哥当刘皇叔
没有红脸的哥哥做汉寿亭侯
俺这辈子也做不成莽撞人

脚踏平川都是老婆的功劳
我送她一万里的玫瑰
她送给我一座座古城
走到哪里都要牵着手
不能再摔跤，右臂的骨折还没有康复
开始怀恨东北的冰，这么冷酷
开始恐惧无影灯下失效的麻药

一块钢板接起来断骨,接不起来
我的乡路,冬天不再回去
冬天不回去,回家还有什么意义
火炕、冰灯,还有停在雪夜中的童年

长途客车夜闯南充

路,开始黑暗
这座将军之城淹没在雾气中
我们依靠在座椅上,等待
历史的濒临

分不清南北西东,南充
嘉陵江边上的渔船
在岸边仰望

鱼一样的寻找抵达
和近在咫尺的,圣诞
那些水迎面而来
仿佛战斗的勇士

冲锋,再冲锋
曙光,黎明还有一路
停顿的鼾声

安汉路上寻纪信

鸿门宴的退路只有你才能够断后
眸中的神马,一路烟尘
把忠义的词语洒在汉的基石上

忠魂不散,在西充的夜晚
你的名字从远处传来

一把利剑
一碗烧酒
把平定三秦的战火烧得亮彻云天

荥阳的路上
才有"食尽,汉王降"的碎语
不断涌上百姓的心头
替主之身,才能够抵挡项羽的一腔烈火
一路走来,国在
山河还在
纪大将军的名声还在

在紫岩场,闻先赈后奏的马廷用

从一段古书的阴影中传来的甩袖之声
深陷在程序中泛出泡沫,碎了几条街的眼神
众生之苦的果子,在浊浪滔天时才能落地
而救民于水火之中的大人们,依旧呆若木鸡

惊堂木从来拍不醒看戏的人
这种清名需要身家性命做单
御字碑前,马廷用赖以全活者
难免是一地落叶

而在紫岩场读书的马廷用
从来没有读懂世态炎凉
却用一世文德写成《紫岩文集》
留下西充盛开出的满世的芬芳

八百壮士

八百不是数字
是活生生的好儿郎
西充的八百
被欢送到救国的战场

他们是八百个儿子
在西充,他们有八百个父亲
也有八百个母亲

这八百颗星星
从如今西充的天空升起
这八百的铁
打在国家命运的车轮上

"国破山河在,城春草木深"
从西充出发的八百男儿
留给我们沸腾的呼吸
整齐的步伐
从国土上不断响起
响在纸上
响在每一段分行的冲锋号角中

青石板路上的足迹

嘉陵江边细密的石板上
贡生的脚步急促
长袖带着风声呼啸而过
川北道台衙门
1371年,"肃静""回避"
在阆中声声不绝

而在更早的蜀国
战火更是络绎不绝
石板与马蹄的摩擦
与脚步的咚咚声
更是让游人躲闪不及

圣诞狂欢的歌舞在这座千年古城
只剩下一个张飞牛肉的品牌
被世俗咀嚼得喜形于色
只有脚步还在石板上回响
还在路上留下一些轻易扫去的气息

阆中手记

华胥的阆,也是伏羲的阆
金沙湖环抱阆山的前世
从钻木取火,到结绳记事
阆水怀揣太多薪火留痕

玉带水,养育蜀汉正宫
为乐不思蜀的刘禅
扶正衣冠,春节
留下身后千年红烛的喜事

笔锋下
丈八蛇矛依然寒光凛冽
乌骓马蓄势待发
追赶时光的阵仗

虎桥岩下构溪河,湖野
流淌嘉陵江畔的身心共鸣
秘境归于平衡,一切脚步
落在草木和泥土的芬芳中

灯光下的阆中,袁天罡、
李淳风,唐装归于丝绸
拱手相迎的滨水之礼
隐匿推背涛声的吟诵

道里道外的阆中
中天楼敞开阴阳的鱼头
在小城的脚下,一画开天
摆出了八卦的阆苑

青石板上,细雨
浸润书生赶考甩出来的风雅
耳畔贡院"肃静""回避"的棒锣
落下仕途的涟漪

丝竹和彩舞在起伏的音韵里
今日的阆中,醋还是保宁府的
牛肉是张飞的
生活是百家烟火图

高铁,缩短时光
嘉陵江,映射自己的光
水墨乡村的画笔,勾勒出
春秋的本色

精农,成为阆山下
中国节拍
港投,化作先锋
在嘉陵第一江山的彩盒里
调和出最美的蓝图

山叠嶂,善水
可以呼风唤雨的领衔者
在金山银山之间
挥毫泼墨得游刃有余

点睛的番茄
漂浮的水稻
在楼堂的含蓄之中
滋长田园的风光

我在阆中等你

阆中在风云的时代等你

等你一笔画出新景

画出蛟龙出水，在嘉陵

凤仪湾的阳光

这湾水域里,水稻的光
从眉宇散开
迎面而来的内湖
有着凤凰的仪态

脚步在亭台楼阁间流淌
静默心音,从指尖
滴落瓜田下的培土
和市内棚户的输液管道

游览车和风
轻拂创业词汇的新面目
康养字句,书写
人的秘境

在光里,呼吸嘉陵的气韵
沿途的倒影,抚摸
临江新区的面容
托起太阳的笑脸

川Z

眉山之莲

历清和，眉山枝头摇曳着击壤歌

传诵，也抵挡不住光阴的浸染
汗水从鬓角的白滴落到田埂的黑
脚印深浅不一的阵痛，源自
开荒的牛马和挖井人的祭奠

为一株株凸凹的苗眼培土、施肥
阳光合唱、雨露和声
庄稼人把裤管上的尘土
撒落在垄沟里，光阴奏鸣曲

只有这个不断吟咏的古老声音
不断地传播，从字眼、字音
到一个族群，开枝散叶
传承"呼儿嗨哟、嗨哟、嗨哟"的劳动号子

在江畔古寺静穆的风声中听经

这一只鸣叫的蝉
合什古寺的晨课
缓缓流成岷江的每株水莲花

山风不语,抓着一行行湿漉漉的光阴
落在每步攀缘之间,此去经年
前生不远,一池衰败的荷叶上

有几行亲人无法滴落的思语
游离在水中的影子
是鱼还是无法释怀的幽云

经声缓缓归,拾级而上
却不曾听到半个落地之声

在眉山,品东坡肉

甜蜜的口感,可以从一坛
肥而不腻的故事中取出苏东坡的委婉
这遍及江浙的家喻户晓
是因为慢火的煎熬

日子总是要从水深火热里
找到滋味,就像相看两不厌的
同林鸟,也会大难临头独自飞
唯有这起伏不定的炖
才能把多余的情感排挤出去

回到这出生之地
不能同富贵的患难之交
留给字里行间的眉山
不过是一层富贵色和酒味

川X 广安笔录

经南吕,广土安辑的温暖

食为天,只有广安的味蕾
才能唤醒往事,或者在
顾县的豆腐宴、前锋的白斩鸡
武胜的江鱼、岳池的米粉
才能把炊烟里的身影
越看越近,看到满头华发的母亲
灵巧的手抚慰饥肠辘辘的馋念

人到中年,或许怀念的味道
只能留在思念的碗里
总也装不满

每一次在广安的街口
我眺望的苍翠中
飘香的夜声才能收拢脚步
坐在月光下,嗅一嗅瓜香
也能满足豆子的夙愿

云虚掩着朝阳的恩泽

云是从华蓥山脚上升起的思绪
它们不说话,只是汇聚在一起
等待着朝阳,驱散它们心底从夜晚带来的犹豫
不是露珠,露珠在草叶上等待滴落
不是寒霜,寒霜在苦难后消散全无

积善不计恶,岳池的县志从字里行间
保存着一方水土的前世
那些被凝固成铅字的人,都不太善谈
对自己的往事,也是身在其外

我对广安这个地方,有特别的情愫
从茂密的山寺里,窥见浩渺之间的身影
吟咏和诵读的风声,被一阵阵钟鼓
推敲出淡淡的晨光

在岳池与纯阳道祖的偶遇

这夜很静,或者与酒有关
在假日宾馆,月光不显
灯光有香烛之焱
一杯杂茶,几支香烟
我盘膝静坐冥想

"应是有人新换骨"
从岳池中学归来的路上,我反复吟哦
只是不承想过此句出自岳池
出自纯阳道祖之手

长空不见青蛇练影
从容的背影,只为文字谋生

不问出处,却无法背离归宿
洞宾仙长,久仰久仰

红树晴云日再秋望

岳门长不闭,山色入秋佳。

——题记

山峦不曾言说,此刻
红树无语,我们都站着
目光深处有秋霜隐隐作痛

阳光明亮,这一树秋叶红彤彤
映照在功名与尘土之间
凤凰飞舞的山麓,这红妖娆着
陆游的农家乐

青云在句子间游动
这散淡的时光有多轻
轻得,收获变成了一抹浅笑
从一列绿色高铁的身影中
缓缓落下遍地金黄

岳池落英

史以合纪一代之政,志以分纪一方之事。
——题记

唐武周万岁通天二年,岳池置县
有史志得以保存的光阴很短
浪迹在时光长河中的身影,还在
未置一字的光辉里

沿着圣帝后殿望去
社稷坛上的香烟还在佑护仲春仲秋
先农坛上的耕器已经残旧
耕田外已经楼阁隐约

食为天,田为命
在岳池的山水之间
命就是一颗颗发光的硕果

在岳池,源头无尽炊烟生

谁言农家不入时,小姑画得城中眉。

——题记

在岳池的茶里,陆游先生
只是浅饮,不如我喝得洒脱
从他的目光里,我看到的
还真不是恬淡,甚至有点猥琐

岳池的街,有点长
我和徐君走着走着就走进了
清朝、明朝、元朝
走到宋朝还没看见农家乐

我知道一定是陆游指的方向
没有对,从那些句子里
他看到的我们都看到了
只是我们想到的还没有看到

我想,不如继续走下去
也许在汉朝以前就能看到
这个每年要举行祭祀典礼的地方

再到东邻西舍

有些雨是广安的恩赐,细腻温润
岳池农家的雨,这几天有点缠绵
在雨中,汉服湿透了词语的脚步
米线从臃肿的记忆里掏出桃花
和大力湖,还有几行平仄不一的山阴
笼罩着光阴轰鸣的溪水

东邻西舍始终没有说四川话
苍翠之间,凝望成各自乡音的台本
陆游先生的词站在田里
与一些妙手偶得的新赋
落在山峦的草木之上

我把青春交给乡舍的芬芳
在一级台阶上,我窥见白发三千的
星斗,在风云里闪光

在稻田酒店的夜晚

呼吸蛙鸣中逼近的仲夏
浓重的氧随着夜风吹开心的星子
灯火的长龙,在夜幕下
舒展出草木灵魂的斑斓

震颤的板路上,传来
抖动遁行的蛇形波音
那些大地的呼唤,只有归心不灭
才能在静谧中发现鼓动的脉搏

仰天长叹,这稻田里的光辉
能否挽留这最后的乡愁
还有多少脚步,踏上
这条归隐之路

题岳池山水

水花回应着山吻
脊骨挺拔撑起云的玄妙
浩渺散放在每一株的绿意上
列队的土壤挽着向上的行者

桃树列队，满山的粉红
即将降临大力湖
伫立岛上的吟者，一步三缓
步步高升这人间的乌托邦

在经开区,川渝药的家

在巴蜀的字典里,药的百味
是千年银岳池白云下的蓝图
从川渝之间展开的经纬
把舌尖的苦,交织成跑动的曲线

在四川岳池经济开发区
理想的根被种植和采摘,药
治愈了城市发展的顽症

一条致富通天的大路
从这里的温室展开

天香吟

指尖清音是婉转的百灵
在岳池，她击鼓而歌
明眸皓齿开了旗袍上的一朵新牡丹

一吟三叹的音色
穿透华蓥山的云雾，很醇厚
配上月色流淌的米粉的白
婀娜多姿的台风
引领蜀水婉转的微澜

一招一式，把曲艺之乡的风韵
点缀成银城的飞燕
恰在声线高处

安丙公园行吟

大暑的余温在南宋的背上扣了半道美味
汗水从安丙的额头旋下节节上掌的台阶

落日里依依惜别风波亭外的胡笳
几声叹息里传出八百里告急的蹄声

巴蜀众生的锣鼓点沿路敲到崖山后沉没
前世的安丙没有迈出七十三岁的一道坎

从南宋回到华蓥山,安丙站在岁月的檐子下
那些足迹深深地刻画出眉宇间淡淡的凛然

皛然殿外,齐整的方砖
摆放的都是凝固的回忆和一方水土
无声的眷恋

好人安丙

从纷扰的乱世中伸出双手,安丙
用铁腕扭转了濒临崩溃的时局
这是一盘没有下完的棋

安丙手捻着一枚棋子,在反复沉吟
一目十行,十目千里
华蓥山下,这满目缤纷起舞
一座廊桥牵挂着前世和今生的乡人

好人安丙,站在原地
把幽远的目光投向人群
商鞅之法在这里生根发芽
长成华蓥山最高的一棵大树

好人安丙,手捻着又一枚棋子

皛然殿外的沉吟

一片蝉翼托起了晚霞中的安宁
赶考的安丙,从书卷中递出困顿

巴山的脚下,气节的叶子黄了
也没有人交出萎缩的根骨

皛然之中
进士安丙飞弃半只掉毛的小毫
让半壁江山的血墨
为沉睡的飞龙点睛

四川宣抚使安丙站在原地
无声地鼓荡着捐躯的英灵
在朝霞里唱和晨钟

岁末在邻州大道仰望

岁月的流云从耳畔盗走了一片落叶
冬日的阳光定格了行走的风
你从华蓥山的背影里
递出一棵棵硕果累累的脐橙

那些椭圆的梦想,从青涩逐渐脚踏实地
所有的风景都是路人的照片
坐在三尺讲堂的路人
口吐莲花,种植一颗诗心

那些被种植过的星星
躲在晴朗的后面
邻州的古韵从一句句乡音里
汹涌而出

或许在生命里,你确定要等待
一个开悟的眼神
所有的雨雪都是云
跌落的声音

在广安,夕阳下的行吟

没有人在夕阳里看见善意
佛语中的阿弥陀佛
也是告别的语言

实际上,没有人
与我告别
西来寺或者九龙山
都不曾有半点声音
发出

诗人邱丘此刻就坐在我身边
他面带红光,面有佛缘
或许他真不愿意承认自己
是一个诗人

他的散文丢在天涯
只把韵脚留在了足下
留在广安的夕阳下

上阕是人大
下阕是大人
而自己却是一个怀揣春光的孩子

在岳池，与笑靥如花的徐君小酌

君子如兰，那些童趣都放在小红书上
你就被草木之心宠爱得跳出了分行
一个比我大五岁的哥子，在童言后
打磨着自言自语和青春延绵

我担心这些不染尘埃的句子
发出的耀眼的光泽会被冬雨冻结
那些在雨夜疯长的青笋
总会用自己的挑剔瓦解翠绿的虚怀

对影成三人，你看不见你的影子
我也看不见我的影子
他们一定在诗歌里

从此无法把岳池当成途经
不好再把一个君子当成路人
那就对饮一杯，莫学阿 Q 大爷
便宜了纸巾和桌布

在岳池农家乐看桃花

一朵桃花可以点燃春心
一树桃花开出了农民的希望

江水潺潺,桃花岛上
所有的脚步走一走停一停

陆游先生的词句
就可以越想越远
落在每一株桃树上的年华
都在细细品味这香艳的瞬间

芬芳还是桃花的芬芳
爱花的人,采花的人
只是从春雨中带走落红
却有一只桃子
从缓慢的秋天走来

在顾县老街看到岁月的碎瓦
——赠龚学敏

这些泥做的瓦,遮挡着命中的
风雨,没有从光阴中离开
石墩上的木料已经开始倾斜身影
而瓦不言不语

这些木讷的瓦,还在为雏鸟
营造安稳的家,它们的驼背
背着沧桑韶华,擎起一片晴天
这天下的瓦啊,总是让人
忍不住看过去,看成白发人的屋顶

这些火做的瓦,在人群中
你丝毫感受不到伟大
只是觉得岁月烧制出来的曲线
又被岁月剥夺了光华

这干净的瓦,从来不曾褪去光泽
在这片瓦的成分里,多种元素
不过是对土地的爱
而真正面对它,你才会觉得

有一片瓦遮命的生活
才能从命里找到枝丫

豆腐宴是最后的乡音

从顾县的老街,缓缓散发出的
是豆腐的记忆。那些草本的爱
挽救着被高铁留下的乡村味蕾
和漂泊不定的游子之心

在一片豆腐繁衍的秘境里
一双筷子裹挟着阴阳和快慢
铁板烧上中年的日子,香脆而厚重
煮了千番的豆锅下燃烧着豆萁
流淌着豆汁,凝固着豆渣
过滤出豆花,从叫卖声里穿街走巷
绕过儿童的脚步和青年的芳菲

草盛豆苗稀,煮豆的人
留在豆房的石磨旁,还有铿锵的脚步声
那一碗点豆腐的卤水就在杨白劳的嘴角
所有的风声系在二尺红头绳上
白了半生的光阴

川S

达州山水

小孟秋婉转情深再忆达州

水晶花是达州最美的花
她永远不会凋谢
在她高度近视的眼镜片上
我看到抱瓦罐的女人最终还是
被瓦罐包裹，以至于每次想着
搀扶她走上领奖台的脚步，总会在夜晚
传来平仄的回声

如今，李冰雪已经是达州最靓的仔
从古诗到新诗，一溜烟地写歌词
达州如你，这么好的比喻
把一个诗人活成了词人
无非是获得了歌神的加持

龙克算是交给巴山了
巴山也就成了另外一座山
所有的种植，都为了收获
巴山的收获，或者是满山的苍翠
或者是遍地的草莽
英雄，谁问过出处

再见如故,确是毕生的朋友

倾尽酒水的杯里,还装着叙述的余温
陌上千禾的光阴从灯光里散开
这棵倔强的植物从渠江移植到拉萨的
过程,相当于重新生长的过程

纯净的目光没能正视莲花,慢慢消化着履历
这些冷静冰藏过的酒花,开着开着
把龙泉的夏夜开成了雪域的木鱼声
因果从那个西藏退伍军人的执拗开始衍化

从服务员到收银员,一直到
行政办公大厅的科员,这些命里的
坎坷从一行文字流进另外一行文字
形散命不散,憧憬是自己的花期

川味的火锅里青年不散,"七〇后"的老人
和"八〇后"的中年,带着一个"九〇后"的青年
从文字的筷子里寻找生命的珠玑
在一阵眩晕的红汤里洗涮自己的生疏

光阴在渠江深处闪回

油轮酣睡中的震荡,一滴水
牵引着琐碎的念头落入江面
一缕炊烟中,沿途的风雨
不断落在伫立的眉目之间

源源不断的灯花
开放出渠江两岸的帆影
冬雨下的棒槌敲打出岁月的疼

在仓促的步履中,聆听到几缕
奔向岸边的涛声
一米阳光之处,马道子和雪莲
缓缓地品尝着茶盏中的苦甜

人间有暖,来自星星的你
只有一双被道路抻平的足弓
如何在氤氲的黎明
撕开一条缝隙
宽慰被草木之心消耗掉

川Y

巴中碑林

岁末在巴中,从回风桥头望去

这个桥头,有些句子还在
我只是来时没有和他对暗号
电话一端的风,吹到面前
就错落成诗人独立的身影

雨不再击打车窗,我也不再用
清晰的缓慢的声音诵读
只有轰鸣的城市,沿着这条路
散落成家家户户夜晚的灯火

如果你愿意,只要去发光
就可以照亮荷塘莲子的前途
渺茫的情
落成红星路上的陨石
击穿诗的隆冬

铁肩担道义,总要磨损
至少别人嘴上的两扇皮
不是你关心的

有些话不能说
有些人不必等
黄花菜都凉了
也没必要热着吃

天亮了，才好拱手
让路人各奔前程

雨，在东风的翅膀上远眺

词汇还没有展开浓浓的睡意
雨的亲昵就夸张地留在一面红纸上、一面
行驶在高速公路的挡风玻璃上

没有音乐，没有震撼的鼓点
那么轻的抚摸，有些凉，有些生硬
远处的山谷，被嘴唇举得有些缥缈

那些行走在历史回忆中的蜿蜒小路
被一连串普通火把照耀着递进
孩子，记住那颗闪耀在生命里的红星

在前进的路上，有祖辈留下的血汗
那些越来越远的身影，一盏提灯
照亮着整个龙族的脊骨图腾

灯光控制了车内的思想

小雨到中雨,落到2015年的1月17日下午
成都到巴中的天空层次分明
雨刮器的心跳加速到每秒钟徘徊一次
隧道里的灯光控制了车内的思想
冬天的喷嚏和诗歌的句子一同破出窗口
两个从诗歌里爬出来的诗人,去参加一群诗人
　的聚会
从一个正式的词汇转向一个可能的词汇

瞌睡的缝隙,总有几个念头在窗子上生成水雾
辗转的车轮溅起飞扬的往事,滴滴沉重
母亲走了,姐姐又患上脑梗
女儿在短信里高烧39℃
妻子接近哽咽的声音一直围着我的耳
父亲在冰冷的黑龙江,期盼听到孙女的一声呼唤

东风不是一场风,是我家乡的名字
这双想念的翅膀只是在云雾里穿越亲情
疼是这辈子无法停止的阵痛

碑文里有十三万英雄的名字

那些名字,压在厚重的石碑上
像冲破黎明云层的阳光
走在这些名字中间,脚步迟缓
努力用灵魂去记下几个,也会转瞬堆积在
记忆的谷底

红四方面军,就这样定格在巴中的山上
山,就这样定格在军属的心上
心,就这样定格在硝烟弥漫的中国军史上
而那些名字,包括我的家人
都只能留在幸存族谱上

那些不幸,就再也没有人
记得

这里的石头会说话

沿着岁月的色彩,石窟
用不动的语言展现着流动的美
佛说:不可说
我说:自己看

你会听到钎子敲打石壁的声音
你会看到画工屹立不动的身影

那些浑然天成的短句
那些诸天神的慈悲和残缺
都会告诉你
这里发生的每一个事实

春暖花开,三角梅还是那么鲜艳
——写给人民检察官张晓梅

每个人都是这个星球上的旅行家,完成了使命,就得走了,真的到了那一天,不要难过。

——题记

收起行囊,收不起身边的挽留
舍得放下,却放不下那一身检察蓝
四十明明不惑了,而惑
就留在掌心,把所有的安慰
当成最后一次出差的赠言

怎样和这次旅行告别,你用笔
写完了最后的牵挂
春暖花开了,三角梅替你开得鲜艳
把你所有的话,开成励志的箴言

当我站在红星路的街口
那片蓝中的姐姐飘到我的身边
和脊椎里的钢棒对话
与粉碎性骨折上的钢钉对话

而我们站在蓝后面的人
揪着心、揪着肝
揪着肾、揪着胆
还有什么能够揪着一家的团圆

三角梅还在，这片蓝的天空下
推开家门，春暖继续期盼温暖的团圆、
花开，和记忆中的风帆

川M

资阳云雾

我总是在一颗烟里发现光明

手是冷的,没有任何温暖
冬季穿过办公室的大门之前
从文字的海洋里恍神出来
除了打印机的声音
我听不见任何带有问候的气息

即使咳嗽,我依然会点燃
一颗又一颗香烟
只有烟草的味道
才能让失去味觉的舌头清醒一下

有时会忘记茶叶的芬芳
一杯茶被泡的次数多了
也就回归成水,没有味道
也不能止渴,当然这时候有话的梅
还没有发芽

如常凝望一下窗外
有些叶子开始枯萎
有些叶子还在散发着青春
厚重的云围绕着日子
总是不想散去

阳光落在卧室的窗台上

一卷书,一包瓜子
一曲送君

万里迢迢的关山云月

此刻,我寸步未行
紧闭一扇柴扉

手背上隐隐的斑点
久不响起的手机彩铃

身居世外,身在室中
身是母亲牵挂的一只纸鸢

此处山清水秀
此处太阳高照

此处是娇妻出生之处
而我却是过客

茗香

在光的城里，香薰往事几枚
是苦味的伸展，我们端起来的釉色
和经验，沉在杯底的甘甜
更多是不能言说的新绿

从干枯的生活里，反复塑形
冲洗和浸泡，这岁月烘干的
痕迹，围绕袅袅的汽雾
升华成灵感的暗域

渴望端起来茶经的雅致
和冲泡法的舒缓
是一只丹顶鹤眺望家乡的婉转

拇指围绕食指相扣的温度
住在杯子里的人
渴望看到茶盏之外的幸福

这是律，也是贴在额头的高度

那看不见的部分

那双手臂,是渡口看不见的部分
船在舵手的引导下,树高千尺
根还在泥土里
土地承载着栋梁成长的力
指向天空的向度

金榜题名的喜上眉梢
包裹着勤奋和努力的足迹
洞房花烛的美满
融合着包容和忍让的退避

那些看不见的部分
不是风,也不是雨
是你缓缓成长的有机源

川U
阿坝天街

霜序马尔康,又见叶未黄

沿着梭磨河水,我总是把呼吸
调整到最小的量。却把双手展开成
温柔的翅膀,那一夜
芬芳荡漾在银色月光里,山歌豪放
情歌悠扬,一堆火焰把锅庄照亮

酥油糌粑、酥油茶沾满了生活的香气
青稞咂酒辉映着香醇的笑颜
这是一座座姑娘山的回音
这是一层层嘉绒阳光的宿命

芍药留下的花海,青草下的地毯
在火苗中燡天炽地的汉子和姑娘
石在火种不灭,爬墙墙
才知道叶未黄

达维会师桥

一卷长征，从夹金山水之间展开
雪山的背影里，草鞋、杂粮、步枪，以及驮马
还有相逢的号角，喜悦在六月里传来

红军在沃日河上紧紧拥抱，是星火燎原的一个小节
那些在共和国人民英雄纪念碑上
未曾留下英名的战友们的喊声
依旧回荡在夹金沟的山麓上
"欢迎中央红军，欢迎红四方面军"

天空湿润，土豆花和玫瑰争艳
耳鸣、头疼、浑身无力的七月还是在行走
疼痛的眼眸里枪林弹雨都还没有褪尽
长征路还在接受历史和现实的检验

我们不断地聆听遭遇战的枪声，围剿堵截的
炮火落在每一个山脚，粮食、
医药、弹药，还有革命战友
不断地跟着前行的队伍做加减法

生命在不断地花开花落
而达维桥上的身影依然络绎不绝
那欢天喜地的笑声
那充满喜悦的声音
不断地出现在沃日河水中，拥抱阳光

梭磨河的浪花

无论逆流而上,还是顺流而下
我从来不会说
任何一条鱼的坏话

还要感谢鱼的气泡
滋养了我的黄昏和风景
呼应我缺氧的句子吐故纳新
路灯落在水里也在指引
随波逐流的水珠撞击心的堤岸

我作为我的影子
行走在别人的生命里,鹅卵石
成为被风雨打磨过的圆润
这时候,棱角分明的碎屑
还在我的骨缝里支撑滑行的人生

我分得清春夏
秋冬的鱼尾纹
也会在绿叶的呼吸里
找到白云的踪影

只有足迹截图，留在了马尔康
留给一个叫阿来的诗人
他不是雪峰，他隐藏在
拯救过无数格桑花的黎明

冉陇之地

云朵下面,火苗盛着寨子的生机
人们在流水边繁衍
只有骡马和驼铃呼应
远山的歌声

华贵的藏袍里裹挟奶茶的芬芳
我站在马尔康的坝子上
默默地看着晴朗的云天

那里藏着传奇的故事
还有一个个靓丽的背影
嘉绒的史记,在每块石头的纹理中
留下号角和春天

有时候记住几个土司
或者卓玛或者阿扣的名字
对于路过的人
都是叩拜

只有转经筒不停被推动
这个朝夕相处的初心

在黑水,最近的遥远

光阴在一杯红茶里落下
海拔的变化是那些摇曳的怀念
在灌木丛中
绿叶对根的情谊是达古冰川的
矜持和释放的根源

和三奥雪山的亲密
总是让来路不清的攀缘人
一边喘息往事的沉
一边吸入脚下的寒意

雪光,没有经文动荡
我们这些不曾修行的足迹
从黑水陷入沉思,彳亍
缓慢地向上,走完宿命中的
云阳和枯木的苏醒

在达古冰川的风云里

从白山黑水到冰川黑水
我整整用了46年的光
不一样的山在记忆深处
不一样的人在语音里发声

不一样的雪落在岁月面前
那些晶莹的往事没有融化
也没说话,只是默默地
传递冰的声音

达古冰川的三百万年
只是一个误会
在崇山峻岭之间,海子都是光阴的
一滴相思泪

缓缓地从海拔四千八百六十米上
下来,敞开的心胸依然狭窄
那些准备不足的氧气
被心跳运输到苍白的记忆里

那些摇曳的枝头上悬挂着羊头
还有金丝猴,还有牦牛
留下的足迹都成了流水无声的叹息

羊皮鼓

汶水的涛声，掩盖烽火和爱情
从羊皮鼓上
夺走阿哥心跳的颤音
敬畏的汶山
从羊肠小道中获取奔走的快感

是谁的歌声，撩动山的回音
水的波澜
站在历史深处的羌女
回眸一笑，鼓动
鼓槌敲响"莫恩纳莎"的音律

碉楼上的窗口，收揽远去的身影
守护牛郎织女的盟约
守望者的明眸，也是丽质
纺织安居乐业的巢垒

汶川的小调
沿着词汇的战阵，奔赴忠孝
两全的儿女，摊开情丝
任凭羊皮鼓敲打这缠绵的夜

羌族刺绣

一针一线挑起男人眼中的火
鱼水和谐的针眼装满柔情似水
团花似锦的象征,紧扣汶川的爱情
从丝线的纹理中,纤纤素手
打理柴米油盐的出处

这是汶川,阿哥粗犷、
豪放又不乏细腻的性格
落在衣服上,所有的图腾
都是阿妹的眼睛
人靠衣装,马靠鞍
只有花好月才圆,在汶川
你看到的每一幅烟荷包
都是人世最好的情缘

云云鞋

羊角花和云朵,落在脚上
这是汶川讲给传说的词汇
鲤鱼仙子爱上了牧人,也爱上了
羌寨点缀在每一处的手工

只有风给了云的翅膀
才有了自由的翱翔
只有眼睛给了眼睛的光
才有了云云鞋在大地上

爱情的信物是给爱的人
一朵花、一束草都是灵魂的蛊
只有相信爱情的人喝完了
幸福的毒,这传遍山川的蔓延
是云云鞋的足迹
也是阿哥阿妹的涟漪

汶川手记

羊皮鼓,在山谷的回声
荡漾手指和岷江的波涛
石头和浪花、云朵
记录迁徙的队形和求生的阵仗

放牧的人和牛的身影
在篝火中晃动,牙齿咬断信仰
牛筋和碎肉是不可辩白的
争议,也是我们的踪迹史

斧头在柴的上面,指引
一力降十会的族人
裂开的干柴,夹住杂念
专注的人,才能获得
成功的果

三块白石上的纹理
书写物的源与真
三坨雪凝固的哲思
只是戈基人一时的贪念

石头与雪的博弈
掩盖苍穹下的凸凹
不平的借口,是星空里
彼此默契的浅笑

柴棍和麻秆的对比
演化出汶水
最悬殊的竞赛

那些溃败的身影
把另一个民族的崛起
定格在岷山的腿上

草人占领的土地
那些在崖头跌落的记忆
智慧的火种
从未让黎明推迟降临

"万丈悬崖如深渊,从此戈基绝了迹。"

连绵不断的震荡
点化龙门山的褶皱
龙脉的图腾
牵引民族的奔涌

治水的人
止水的人
跟着水走,一路牵引
水的去处和人的生处

定海神针,还有禹王神粲
指向恶水的形骸
息壤衍生的种子
在九州大地落叶生根

三过家门的人
也是家人的期盼
他把天下的人
爱成家人

这是汶川的草木
留下的声音
这是岷江的波涛
留下的吟诵

羊皮鼓在夜幕里敲响
历史的回声

我在姜维城下
聆听一部交响乐的短章
沿着岷江,走向
汶川的前世和今生

羊角花盛开的地方
才有"萨朗"音乐的火把
照亮归途
才有一支迁徙的队伍
缓缓地向你走来

川V 甘孜韵律

应钟打箭炉,一溜溜山上的情歌

沿着跑马山,我把一溜溜的情歌
晾晒在康定的街头巷尾
张家的大哥从歌词里走过
去看望李家的大姐

这么美好的夜色
坐在街边的角楼上听折多河、
雅拉河,汇聚成康定河
一直向东注入岷江
注入路人的月和祥和的生活

那些敲打的锤子和錾子
溅出的火花,烫穿了篝火里
一洞浪漫的情歌

一条汹涌的河连着前世今生

渡不渡,这条河都在岁月的深度里蜿蜒
那十三根铁索衔接着两岸的炊烟

这一次,我站在摇晃的记忆里
用心灵抚摸着流逝的枪林弹雨

那些回荡的涛声,依旧保留着胜利的号角
让我们这些走在路上的人,为之一振

生命的音符总是在高潮的部分有停顿
你看那些保留间隙的木板,有风有雨

青山依旧,只有这些身影
不断地消失,不断地浮现

一只雪豹从都市里捎来春天的温暖

在皑皑的心事里,雪的白是记忆的白
这只温暖的雪豹,一次次从康定出发
把所有的温暖,包裹在岁月的每一份渴望中
那些熟悉的名字和陌生的面孔
都会成为其美多吉捧出去晶莹剔透的记忆
和收回来温暖如春的哈达

在凝固的白色中,雪豹
矫健的身影,是所有窗口的青稞酒和酥油茶
从沿途的玛尼堆上散落出的这块石头
坚韧地顶着一个而立之年的执着
把所有的快递变成抵达的喜悦

春天总是在心里融化着海拔
而这只雪豹的到来
照耀着每一个门户的炉火
和每一张温暖的笑脸
他的足迹,就是这雪线邮路的坐标
也是春天的导语

守护者其美多吉

十二双穷凶极恶的贪婪目光面对雪豹
那是一车康定18个区县学生新学期的教材
所有的语言都是无效的
他伸出了护卫的羽翼

"在每一天太阳升起的地方,银色的神鹰来到了古老村庄"
或许亚东没有想过,写这首歌词
壮大了川藏线上一只雪豹的心灵
国家的也是人民的
人民的也是自己的

守护者的金刚之怒
变成了雪域高原上的一片血色
脊骨中的正义在呼啸
为了国家你要站出来
为了人民你要站出来
今天你不守护别人的
明天别人也不会守护你的公平
责任,是一杆永远不会失衡的天平

其美多吉豹的目光

雀儿山的怀抱,收走了太多的肩膀
只有其美多吉的眼神,钉在了车辙上
把所有的经幡挂在路旁
把所有的险悬在双手之上

一次一次的翻越都是检验
这一条人间的天路
拒绝了懦弱的身影
也把坚定书写在路的中央

豹的目光。把鬼门关关在方向盘里
平安地抵达,其美多吉的身影里
就多了一次对高原的匍匐
敬畏的不只是山
还有责任和良心

月亮弯弯照在康定溜溜的城

月亮瘦了,溜溜街上灯火溜溜地嘲笑
那些举头闪烁的目光
风强劲地传送着那些喝了酒摇晃的爱情

霓虹点缀着星星孤单的影子
那些现代了的坡坡,依然能升起
跑了调的高度

氧,是谁都无法缺少的爱
那些冒充的大哥在街角叼着烟
不再守候丢了岁月的大姐
却在守候那些光脚走过的幺妹

汹涌的河水吞噬心底的热情
只有这些微弱的佛光还在
点化幸福

再说康定

打箭炉的炭火,烧不尽那些心底的爱情
群山层叠的峡谷之中,歌声就是情
两岸峰峦夹峙,夹住了多少投奔幸福的足迹
折多河、雅拉河浪卷雪山之水
都是融化过的深情

这溜溜的城,开放了那些久远的歌谣
跌宕的风里茶马互市的铃声,沿着背影
和动感的锅庄,以及汉子手里的酒碗
沸腾的是溜溜街上一双双明亮的眼睛

西出炉关天尽头
康定就这样从记忆里走去
走进一卷卷呢喃的经文
恬静也悠远

川藏南线金秋与雅砻江同行

沿江而上,一路蜿蜒
金秋的落叶随着车轮飘落
清澈的江水洗涤着满怀的风尘

向上,一路追逐
海拔的高度影响了血液的流量
反应出现在殷红的脸颊
这是羞涩,还是空空的行囊中
少了一份对秋的答卷

仰望高山
山在足下,云在足下
人生在足下

雅砻江,你与我同行
见证我如此平凡的人生
见证我如此渺小的身躯

经幡遍野招展
谁能为这些飘游的浪子
收复一丝归心
只有潺潺江水顺流而下
直奔大海

翻越九龙到康定海拔4340米的鸡丑山

这是我今生第一个高度
有些难受却未曾流泪

在无人注意的角落
我留下一摊腹中的废水

同行者说这是唱歌
那我就自己唱了一回

好在这里没有黄河
否则有人要笑我炒作

背倚九龙伍须海

所有的清澈都是我的心情
此刻,即使满树的树挂
也不能掩饰我的笑容

这些树挂是我剃了半边的胡须
掩盖了晨风里的困倦
一路走来
我看惯了秋风里的得失

片刻的安逸
正是前进的号角里
一个简短的休止符

与伍须海边的枯树

分不清站在树下的我与你
又有怎样的不同

八千里路的云月相伴
此刻我揽佳人入怀

她举着幸福的相机
对着你,也对着我

留下一张思索的瞬间
让路人思考

仰视,脖子有些酸

山外有山,山上有山
山山之间有些风,很厉害
带着唾液的风更厉害

我没有随意丢掉垃圾袋
装满的是废弃的果皮
它们曾经鲜艳过,有的
曾经被我称为兄弟

我曾经很久地,注视过它们
一举一动
仰视,脖子有些酸
对于垃圾,这样的注目
也算白痴
不过,山上还是环保些好

这里没有清洁工
有的只是竞争

种子不发芽一样得到欣赏

一粒麦子与一颗苹果籽
没有区别,对于土地来说
温度都是一样的

在一些悬崖的峭壁上
一些顽强的生命
攀登与滋长同等重要

我们看到一行行足迹
也会想到那些没有足迹的脚步
走的人少了,哪里还有路

阳光和水,对于谁都是一样的
风也是一样的
这些和诗人无关

读者无法欣赏那些看不到的诗歌
而我们必须活着
然后努力地去写
属于我们自己的难度

川W 凉山月色

黄钟邛海，我把泸山的月捧着

烟波浩渺，在岸边守望泸山的倒影
用一盏茶的光，沉浸岁月的麻团
河虾的须子拨弄彼此的沙砾
芦苇和水草潜藏内心的语汇

一般来讲，汪峰更像个北方人
而我恬静得仿佛就是土著
都看淡了，就在蘸碟里
抓出火辣的指向，伴随着海风

雪山的十二支，与此刻无关
吉克布或者鲁娟都会浅笑
我们毕竟是过客，爱也只能浅浅地
跟随火把的队伍

高原的月亮，或许和平原的不一样
我从水中捧起，就再也放不下
老虎的手掌和心里的月光

安宁河畔,月亮守望着大地的呢喃

这时候再说月亮,邛海的波涛会多一些遐想
岁月在凉山的马道上留下踢踏的足音
像我这样的游客,栖身在风和日丽中
泸山只是后背的一点点依靠,一杯茶的雾气中
弥漫着婚姻

女儿龙朱,从月色里走进家的三脚架
自此,西昌的户籍本上多了一名祖籍台安的女子
那些天的夜,从一个奶嘴开始
从渴望的哭声里,看到幸福的光

那些缭绕了多少个世纪的香烟和血脉
黑为月亮上色,白为仲秋加分
大观楼上,亘古的风雨吹不散亲情
交谈的话语,激荡着诗意的小城

福建籍的岳父,从唐山铁道转战至西南交大
四川籍的岳母,从川西坝子求学至重庆沙坪坝
走出大学校门,走入大凉山的马道镇
一条成昆线,被青春铺满时光
他们把电流连通,也把人生的电力机车
运行至途中的每一个驿站

月上窗口,万籁的西昌南
日子在通勤的出票口,反复演绎着进站和出站
彝胞的查尔瓦和明亮的眼神点燃
山麓上驼铃声声的步履

出生在福建的妻子和出生在西昌的女儿
一样把幼年的幸福交给了祖父
这样的幸福,在月光中萌发着爱的种子
家就是一个不离不弃的方舟

金沙江边,顽石与闪烁的沙

这是多少年的一次短暂聚焦
金沙江在诗词的缝隙中,流淌
站在即将被淹没的皎平渡大桥上
俯视山峦和舒缓的江水

桀骜不驯的山风,从历史的胶卷中
吹来一股血性
默默地,足迹沿着转移的队列
山路弯弯

那些静谧的山洞里
空空的,只有石头站岗
或许只有石头才可以
告诉我们曾经的枪林弹雨

金沙,闪烁的沙
在目光的黄金分割点上
我找不到一条摆渡的船

倒光一瓶无气的苏打水
却没有洗净一块滩上的石头
我只好用瓶子装满沙子
这是可以留下的问题

即使春天刚到,叶子还是围绕在他的膝下
——致发星兄

叶子,还舍不得离开树
这是不争的事实
尽管我们都曾经是叶子
围绕在父亲的前后左右

他的胡须很长,也很密
几根白色的胡须很醒目
他的年龄比我大一点
比我的姐姐小一点

他在彝风浓郁的普格
只是一个出口企业的会计
一个奔走在阳光下的汉子
他宽阔的肩膀上扛着一个家庭的幸福
还要扛着一个独立的念头

对于我来说,他只是年长的兄弟
偶尔见见面,说些不着边际的话
然后,各自回归自己的土壤里存活

我们都有一位九十多岁的外婆
目睹她的衰老,六七十岁的父母
即使春天刚到,我们
还是固执的叶子

面对一棵年长的树
——致孙贻荪先生

人在人群中就成了一棵树
人群就成了森林

我不停地面对一棵棵年长的树
即使他不曾说话,我也能听到
树拔节的声音,也会看到
自己的影子,慢慢拉长

这棵年长的树,和父亲一样
耕耘了一辈子
种植了一辈子
最后没有留下一粒粮食
只留下不停索取的儿女

我站在树的面前出神
想起远方的父亲
流云从树的背后掠过
树没有动,我也没有动

树的阴影里,又一群孩子
在抢占泥土和粮食
脊背的汗水,从台阶上洒落
一路不停地流下来

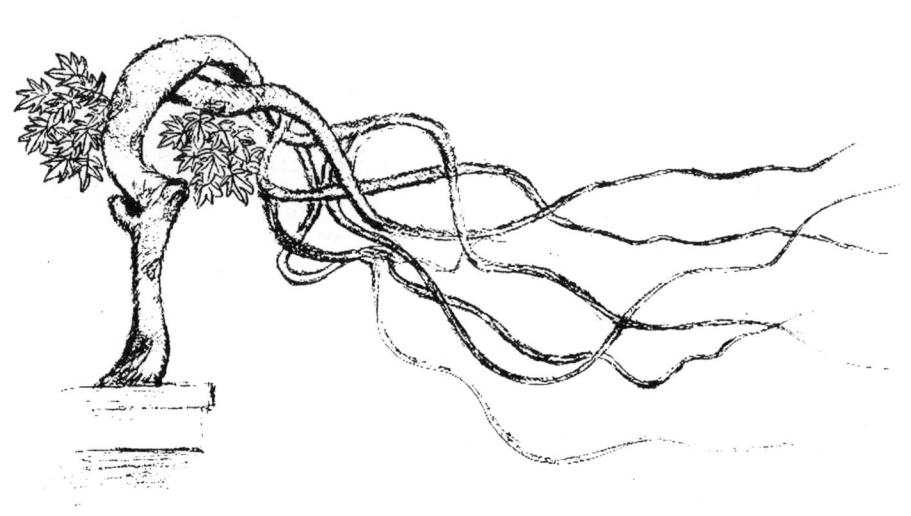

阳光照在安宁河上

一

春天感觉从未离开安宁河
鲜花和绿叶一直陪着我从腊月走来
马道镇的道路已经在岁末修缮完毕
道路的尽头一栋桥梁却没有竣工

锁住脚步,陪爱人默默地度过
春节、情人节、元宵节,以及后面所有的节
远山的葱茏和呼啸的夜风
时刻围绕着我的文字

想想此生,颠沛流离地奔走
在看不见终点的航线上
爱情是最好的缆绳
可以系住一颗破碎的心
邛海、凉山、马道所有的词组
见证着我身后的足迹

二

温暖的阳光，驱散心灵的阴霾
爱情和家融化在一场多年不遇的冰雪里
人到中年，已经消逝的而立
必然围绕着香烟和票子、房子、车子

注定今生不再为名字担忧
那个简单的名字必将被岁月消磨掉
不会有任何痕迹与声音

安宁河，流淌了多少年
即使那些不安宁的身影，也都归于大石下的坟墓
没有谁可以扭转历史的车轮

安宁河的阳光，点燃我们眺望的目光
也留下我们蹒跚的脚步
无论多少背影和多少叹息
幸福总是在平静地流淌

三
所有的石子所有的棱角
都无法拒绝阳光和流水

那些说来就来的汹涌
和说去就去的毅然,总是
让你措手不及

安宁河谷的涛声和风雨
无法告诉世人,谁在这里
谁从这里离去

阳光温暖每一个人
每一颗跳动的心

进入夜晚的经卷

一指禅下的字字珠玑静静地滑落时光的影子
循环久远的呢喃和叮咚
乐曲的流水覆盖着每一个即将出现的心音
多少落花在天空辗转成泥

四十年的风风火火在一个个断裂的句子中
跌落或者起伏,瞬间的感悟
只能是乱花过眼,此刻
我伫立在电脑的另一端寻找光
寻找慈祥的容颜

在每一声咏叹的余声里
水面涟漪荡漾,生命只是一滴水珠
步步是难,步步是坎
顺着经文行走,不想停顿

只有黎明,只有阳光
只有童年的幻想出现在微笑内
看吧,声音的弧线很美很温暖

阴霾,人声鼎沸的清晨

睡衣还没有离开枕头
阳光还在云层的后面
喧嚣,蔓延到神经的每一处

缓慢走出抗震的救灾安置房
地震已经走得很远,雨却在身前身后
我不知道,此刻看见亲人是怎样一种表情

热情和冷静握手
一颗颗闪烁的红星,那些还是孩子的兵

这种记忆一直反复演练
肆虐的洪水、出奇的冰雨
还有摇晃的地平线

一二三四
一二三四
数不清的身影和笑容

路过中秋,我不知道丢了什么

这条路在身边,反复地走
谁都能看见那枚月亮缺了又圆
总是在漫天乌云的时候思念
那枚月亮,还有曾经多次举起的酒杯

没有影子,我们坐在自己的怀里
看着一路的风华散落
却看不见马蹄留下的痕迹
看不见内心的不安

摘不得遍野的黄花
只有一块被切割的月饼
放在心头

起身离开这中秋的喧嚣
空空的行囊再一次搭在肩上
谁收藏那片枯萎的叶子
顺风裹着那一片萌动的春

夜晚,坐在回忆的镜子前

思想的气球,跟着窗口的风
荡起很多无法沉积成岩石的浮尘
当我们抓住一个词语,用力
打开自己或者一个久远的故事

此刻,双手是多么的无力
当香烟缭绕的灯下
一朵绽放的花开成某个冬季的笑脸
冰冷的手指不知道麻木好还是温暖好

我们对着镜子,使劲地吹
打算吹灭一盏电灯或者一段红尘
总有几粒生疼的沙子或者结石
在眼眶中滚动

泪眼因为久远的瞭望
变成一双干涸的井
深不可测的你,坐在镜子里
默不出语

即使打碎所有的酒杯
也永远端不起你的一生
我们跟着风流浪到你的七月
然后化成一尊矗立的像

反复吟咏的词汇
就像一杯苦断衷肠的咖啡
站在岸上，你的背影或者她的背影
都是树上的冰凌花

我总是在风雨飘摇的夜晚冥想

开一盏明灯,照亮夜晚的四壁
默默地看着爱人熟睡的呼吸
然后打开一扇窗子
看水珠从玻璃上滑落
看风怎样吹乱额头上的发梢

此时,想起母亲被堵塞的脑血管
父亲肿胀的手腕和脚脖子
身在校园的大哥和大嫂
整日颠簸在商海的二哥和二嫂
我那今年刚刚升入高中的两个侄女
尽管,她们并不欣赏写诗的叔叔
却应该喜欢写文章的婶婶

还应该想起姐姐和姐夫
让我被迫升级的大外甥女和外孙子
以及同样远在异乡的二外甥女
这些和我血脉相连的家人
都是我不能释怀的声音

想起九十多岁的外祖母
还有孝顺了半辈子却糊涂在最后的老舅
以及永远苦中作乐的二舅
以及终日不语的大舅

想起他们,我的夜晚会坐立不安
因为爱情,摔断手臂的爱人
奔波了半生,却突然停下来的我
有些茫然,不再有诗歌缓缓地写出
仿佛一切都停止了
唯有风雨声在耳畔
滴滴答答

插入音乐,埋首沉思到句子深处

总有几个音符悄然
滑落,满天的星斗
总有一颗属于独自行走的过客

奉献一杯茶或者端上一大碗浓浓的烈酒
敞开的或者不是心扉,只有
三两句快人的寒暄

这是一个怎样的日子
窗外,云烟氤氲
板凳上烟斗弥漫着回忆的马刀舞曲

颤抖的食指,不停地画着
圆或者椭圆
停顿的一个小节上,胡须渐渐发白

所有的目击证人全部缄默
一枚硕大的月亮
从背后闪亮登场

漫天乌云的瞬间需要几声惊雷

这雨下不下,都是没有准的事情
那云从山顶攀缘而上
窗口被压抑得很低

我们的脚步总在这个时候出现徘徊
听吧,滚滚而来的雷
那是耳朵接近失宠,听不进任何美妙的梵音

这时候肩膀挨着肩膀,手臂揽着手臂
这时候毛毛细雨好像不够酣畅淋漓
不过,就这样吧
幸福一般都是这样继续

情归马道

这一路情的蜿蜒,驼铃叮当
爱情就是这中年最后的巢穴

遍地的黄花与此际无关
那跋涉的背影躲闪在山峦中间

一些草长莺飞的情节
只是足下八千里路的痕迹

风自由地呼唤一枚月亮
夜夜相伴

这些云,该散了
喧嚣的尘土中,胚芽
依然缓慢地滋长在大凉山脉

春日在邛海边,与汪峰对饮

阳光在海水的呼声里散开
远乡的念头缓缓生长成泡沫
从沙滩上不胫而走

水草的词汇与天涯之间的句子
不断碰撞,不断迸发出借口
食指不自觉地点击额头

一杯清浊难辨的老酒
与五十粒花生米
改变你的目光落到了
泸山,还是庐山的脚下

同是天涯沦落人
我们不曾碰杯
杯里的眼神饱含着泪水

后记

我想做合格的聆听者

黎阳

蜀道，古今有之，也一直都在那里延绵。

蜀道，在不断堆积历史和创造历史。旧的历史被翻阅出来，新的也藏在目光内，走进我的胸怀。

我只是聆听者，蜀道，既是"说蜀"，也是"蜀说"。《蜀道》是我的踪迹史，也是我入川行吟的路线图。

蜀，是一个完整的意象。千百年来，能够被铭记的，不仅仅是一座城、一座桥，还有在云烟里不断被提及的人。益州路、梓州路、利州路和夔州路合称为"川峡四路"或"四川路"，后来简称"四川"，四川由此得名。

长江横贯四川省，构成水路运输的主干线，同时与岷江、金沙江等支流相连，共同在境内形成天然的水路运输网络。茶马古道、南丝绸之路又构成四川商旅的陆上交通线。高铁、航空突破四川的盆地局限，两个国际航空港的出现，为蜀道画出了更大的蓝图。

入川十五年，一路写下来，已经出版《成都语汇：步行者的素写》《西岭笔录》两部诗集。这一本《蜀道》，或许是前两本意犹未尽的诗意延续，或许是新一代成都人在聆听土地发出醇厚的声音。

故乡的地下埋着祖宗，地上留着童年和成长的痕迹。而四川，是我安身立命的新起点。

我在呼吸成都千年的风韵，也在步履之中感怀人生的跌宕和缥缈。温故知新，或许是我面对四川生活和徜徉未来的最好方式。拜山拜水的过程，也是问心的过程。心正，而文风坦荡。

感谢四川省作家协会给予《蜀道》2024年度重点作品扶持资助，让这些作品得以编辑成册与读者见面；感谢众读者对我作品的品读和批评；感谢我的爱人西雅书写序言和配置插图；感谢成都时代出版社，也感谢李卫平、陈谋的策划实施，才有了这本诗集的问世。

致敬与诗歌为伍、和文章做伴的读者！同时将这本诗集送给我的女儿，是你的陪伴让我在寂寞的书写中永远不觉得孤独。